国家新闻出版广电总局培育和践行社会主义核心价值观主题出版重点出版物

国家公祭日系列丛书

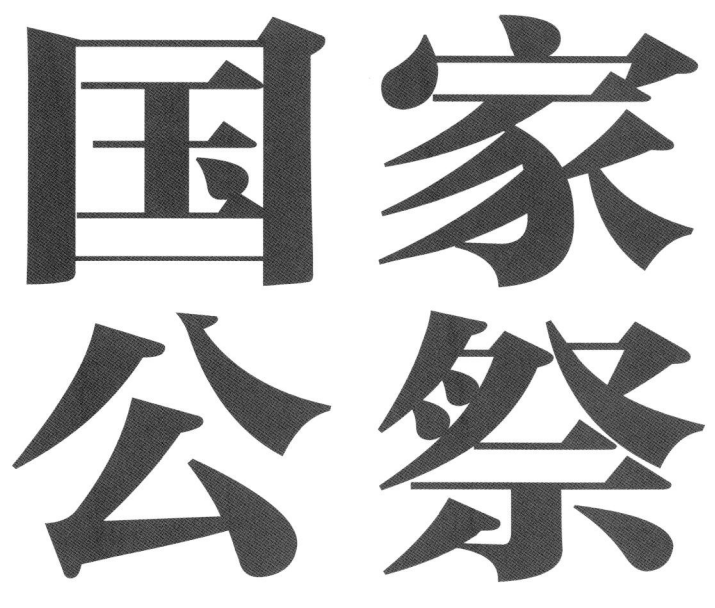

解读南京大屠杀死难者
国家公祭日资料集 ⑩

侵华日军南京大屠杀遇难同胞纪念馆 编

南京出版传媒集团
南京出版社

图书在版编目（CIP）数据

国家公祭：解读南京大屠杀死难者国家公祭日资料集.⑩ / 侵华日军南京大屠杀遇难同胞纪念馆编. -- 南京：南京出版社，2023.11
（国家公祭日系列丛书）
ISBN 978-7-5533-4410-2

Ⅰ.①国… Ⅱ.①侵… Ⅲ.①南京大屠杀 – 史料 Ⅳ.①K265.606

中国国家版本馆CIP数据核字（2023）第212300号

丛 书 名：	国家公祭日系列丛书
书 　 名：	国家公祭——解读南京大屠杀死难者国家公祭日资料集⑩
编 　 者：	侵华日军南京大屠杀遇难同胞纪念馆
出版发行：	南京出版传媒集团
	南 京 出 版 社
	社址：南京市太平门街53号　　邮编：210016
	网址：http://www.njcbs.cn　　电子信箱：njcbs1988@163.com
	联系电话：025-83283893、83283864（营销）　025-83112257（编务）

出 版 人：	项晓宁
出 品 人：	卢海鸣
责任编辑：	王绪绪
装帧设计：	王　俊
责任印制：	杨福彬

排　　版：	南京新华丰制版有限公司
印　　刷：	南京艺中印务有限公司
开　　本：	889毫米×1194毫米　1/16
印　　张：	18
字　　数：	357千
版　　次：	2023年11月第1版
印　　次：	2023年11月第1次印刷
书　　号：	ISBN 978-7-5533-4410-2
定　　价：	180.00元

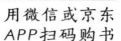

国家公祭日系列丛书编委会

主　　任　张爱军

副 主 任　陈　勇

委　　员（以姓氏笔画为序）

　　　　　公永刚　卢海鸣　时鹏程

　　　　　周　峰　凌　曦　彭振刚

编辑小组（以姓氏笔画为序）

　　　　　王　敏　王山峰　朱天乐

　　　　　闫正伟　李　凌

执行编辑（以姓氏笔画为序）

　　　　　李　凌　李雪琦

前　言

2022年12月13日是第九个南京大屠杀死难者国家公祭日。

山河肃穆，草木含悲，以国之名，祭我同胞。在这个举国悲痛的时刻，我们深切缅怀南京大屠杀的无辜死难者，缅怀惨遭日本侵略者杀戮的死难同胞，缅怀为中国人民抗日战争胜利献出生命的革命先烈和民族英雄，缅怀同中国人民携手抗击日本侵略者而献出生命的国际战士和国际友人。南京大屠杀死难者国家公祭仪式表达了中国人民坚定不移走和平发展道路的崇高愿望，宣示了中国人民牢记历史、不忘过去，珍爱和平、开创未来的坚定立场。

历史之痛，筑成了勿忘国耻的民族记忆。日前，包括侵华日军《阵中日志》、荣第1644部队照片等在内的共计453件（套）重要文物史料入藏侵华日军南京大屠杀遇难同胞纪念馆，成为揭露日本侵略者当年暴行的最新铁证；在太平洋的彼岸，一位美国友人将一本记录二战期间日军侵华罪行的相册无偿捐赠给中国驻芝加哥总领事馆……日本侵略者的法西斯暴行，发生在每一处同胞遇难地和丛葬地，投射在每一件南京大屠杀的文物史料上，烙印在每一位南京大屠杀幸存者的心底，是中华民族永远不能忘记的血泪史。

和平之愿，离不开以史为鉴的历史自觉。2022年是中日邦交正常化50周年。日本本应深刻反省侵略历史，以实际行动取信于亚洲邻国和国际社会。然而，日本始终没有真正做到这一点，频频在历史问题上开倒车。日本政治人物频频参拜供奉有二战甲级战犯的靖国神社，淡化南京大屠杀罪行，否认强征"慰安妇"，并公然质疑、挑战《开罗宣言》《波茨坦公告》和东京审判……日本掩盖、否认甚至美化侵略历史，是对世界反法西斯战争胜利成果和战后国际秩序的严重挑衅。对于历史问题等涉及中日关系根本的重大原则问题，我们不能有丝毫含糊，更不容历史倒退。

复兴之志，凝聚起圆梦中华的伟大理想。南京已成为承载创伤记忆的国际和平城市，中华大地发生了翻天覆地的变化，党的二十大发出全面建设社会主义现代化国家、向第二个百年奋斗目标进军的号召，这是对南京大屠杀死难者和所有抗战期间牺牲烈士以及死难同胞的最好告慰，也是我们以史为鉴、开创未来的最大底气。唯有坚定不移地推进走和平发展道路的中国式现代化，把人民对美好生活的向往变成现实，才能实现中华民族伟大复兴。

大变局的世界和新时代的中国，更需要我们以史为鉴、开创未来，汇聚起家国情怀的磅礴伟力，踏上充满光荣和梦想的新征程，向着中华民族伟大复兴的目标阔步前进，我们有决心、有信心、有能力让和平的薪火代代相传，同世界人民携手开创更加美好的未来。

目　录

第一部分　国行公祭——第九个国家公祭日全记录 …………………………… 001

南京大屠杀死难者国家公祭日：南京举行升国旗、下半旗仪式 … 003

中共中央、国务院在南京举行2022年南京大屠杀死难者
国家公祭仪式，蔡奇出席并讲话 ……………………………………… 005

中共中央政治局常委、中央书记处书记蔡奇
在2022年国家公祭仪式上讲话全文 ………………………………… 008

中华中学85名学生代表南京青少年在国家公祭仪式现场
诵读《和平宣言》，向全世界传递和平心声 ………………………… 011

6名各界代表撞响和平大钟
——铭记历史珍爱和平　携手开创美好未来 ……………………… 013

南京，城祭 ……………………………………………………………… 015

祭奠南京大屠杀死难者"世界和平法会"举行 ……………………… 020

"烛光祭·国际和平集会"举行，点点烛光寄托哀思 ……………… 022

第二部分　海内外同祭——悼念南京大屠杀死难者 ... 027

中国

香港：沉香祭英魂 ... 029

澳门举行公祭活动，悼念南京大屠杀遇难同胞 ... 030

南京大屠杀死难者国家公祭日
全国 34 家纪念馆、博物馆举行同步悼念活动 ... 031

中国人民抗日战争纪念馆：
举行南京大屠杀死难者国家公祭日悼念活动 ... 032

沈阳"九·一八"历史博物馆：举行"铭记勿忘　砥砺奋进"
南京大屠杀死难者国家公祭日悼念活动 ... 033

八路军太行纪念馆：
举行南京大屠杀惨案发生 85 周年公祭活动 ... 035

抚顺平顶山惨案纪念馆：组织观看南京大屠杀相关纪录片 ... 036

上海淞沪抗战纪念馆：举行"勿忘国耻，振兴中华"
南京大屠杀死难者国家公祭日悼念活动 ... 037

新四军纪念馆：同步举行悼念活动 ... 039

中国人民抗日军政大学陈列馆：开展线上线下直播联动，
共同悼念南京大屠杀死难者 ... 040

中国人民抗日战争胜利受降纪念馆：举行同步悼念活动 ... 042

滇西抗战纪念馆：举行同步悼念仪式 ... 044

旅顺日俄监狱旧址博物馆：
举办"勿忘国耻　圆梦中华"国家公祭日悼念活动 ... 045

广东东江纵队纪念馆：
同步举行南京大屠杀死难者国家公祭日悼念活动…………………………… 046

山西国民师范旧址革命活动纪念馆：
同步举行南京大屠杀死难者国家公祭日悼念活动…………………………… 047

中山舰博物馆：同步举行南京大屠杀死难者国家公祭日悼念活动………… 048

赵一曼纪念馆：同步举行南京大屠杀死难者国家公祭日悼念活动………… 049

龙华烈士纪念馆：同步举行悼念活动………………………………………… 050

南京抗日航空烈士纪念馆：同步举行 2022 年
南京大屠杀死难者国家公祭日悼念活动……………………………………… 051

赵尚志纪念馆：
同步举行南京大屠杀死难者国家公祭日悼念活动…………………………… 052

金山卫抗战遗址纪念园：
举行悼念南京大屠杀死难者仪式……………………………………………… 053

2022 "勿忘国耻　圆梦中华"
国家公祭日大型网络联动公祭活动启动……………………………………… 054

海外

70 多个国家和地区的 160 多个华侨社团
同步悼念南京大屠杀死难者…………………………………………………… 056

加拿大：与中国南京同步举行公祭活动……………………………………… 058

美国：旧金山举行"南京祭"活动，
纪念南京大屠杀惨案发生 85 周年 …………………………………………… 061

意大利：旅意华侨华人商协会举办国家公祭日悼念活动 …………… 063

泰国：同步举行公祭活动 ……………………………………………… 065

第九个中国国家公祭日，
在缅侨胞同步悼念南京大屠杀死难同胞 ……………………………… 067

安哥拉：安哥拉江苏总商会举办
纪念南京大屠杀惨案发生85周年活动 ………………………………… 070

尼泊尔：同步悼念南京大屠杀死难者 ………………………………… 074

孟加拉国：同步悼念南京大屠杀死难者 ……………………………… 075

海外华人华侨举行公祭活动 …………………………………………… 076

Overseas Chinese pray for peace to mark 85th
anniversary of Nanjing Massacre ……………………………………… 077

第三部分　祀我国殇——勿忘国耻　圆梦中华 …………………………… 079

第九个国家公祭日前后，江苏将举行18项纪念活动 ………………… 081

揭秘首批南京大屠杀历史记忆传承人 ………………………………… 082

展出多件珍贵实物，讲述"不能忘却的纪念"，
张纯如图片展在南京开幕 ……………………………………………… 085

南京大屠杀死难者家祭活动举行，
目前登记在册在世的幸存者仅剩55位 ………………………………… 087

不能缺席的纪念 ………………………………………………………… 090

跨越85年时空的对话：证人不老，传承有声 ………………………… 092

新增453件（套）重要文物史料，南京大屠杀再添新证 …………… 101

日本僧侣为南京大屠杀再添铁证：
证实南京"731部队"驻地细节 …………………………… 102

西班牙文版和哈萨克文版出版，
《南京大屠杀史》形成7个语种海外传播矩阵 …………… 106

8本南京大屠杀史系列新书发布 ………………………… 110

"不可忘却的记忆"阅读寻访行动开启"云寻访" ………… 113

"12·12和平之夜"：我们一起，用声音驱散黑暗、守护和平 … 114

痛心！仅剩54位……南京大屠杀幸存者向远松去世 …… 116

四年酝酿完成南京大屠杀历史题材儿童小说，
《宁生》以文学创作铭记惨痛历史 ……………………… 118

报道南京大屠杀的中国记者王火：
我永远不会忘记这段历史 ………………………………… 121

30平方米的地下室布满弹痕，
可能见证了南京保卫战最后的战斗 ……………………… 130

南京4部国家公祭日主题作品12月9日起线上直播展映 … 135

1937碑记忆 ………………………………………………… 138

南京大屠杀再添史料新证！亲历者回忆录手稿首度公开 … 142

《难民回忆录》手稿背后，追访"尘封"的过去
——写下《难民回忆录》的吴雁秋，到底是谁？ ……… 144

南京师生4年接力拍摄《紫金草》，
28年来传递和平的信念和期许 …………………………… 147

国家公祭日主题海报亮相街头 …………………………… 150

张纯如丈夫和美国典当店老板发来视频，
读完《南京浩劫》，他们希望更多人一起守护和平 …………… 151

400张手绘画稿、手翻1200次，
2022年国家公祭日主题短视频《历史的凝视》发布 ………… 153

首度以侵华日军南京大屠杀遇难同胞纪念馆为叙事主体，
纪录片《铭记》12月13日开播 …………………………………… 155

铁证如山！这些文物讲述南京大屠杀真相 ……………………… 158

海外征集藏品展在侵华日军南京大屠杀遇难同胞纪念馆开展，
5组珍贵藏品揭示南京大屠杀真相 ……………………………… 162

他们，用自己的方式传播历史、呼吁和平 ……………………… 165

"不能让谎言到处传播"
——访日本南京大屠杀问题研究专家笠原十九司 …………… 170

"我要永远追求和平"
——日本僧人大东仁不懈收集侵华日军史料的故事 ………… 171

第四部分　精益求精——各界筹备国家公祭仪式 ……………… 173

中共江苏省委常委、宣传部部长张爱军到纪念馆
调研2022年国家公祭筹备工作 …………………………………… 175

中共南京市委常委、宣传部部长陈勇到纪念馆
专题调度国家公祭重点工作项目 ………………………………… 176

纪念馆组织开展国家公祭
核心仪式及保障环节首次桌面推演 ……………………………… 177

侵华日军南京大屠杀遇难同胞纪念馆
11月14日至12月13日闭馆 ………………………………………… 178

南京市国家公祭领导小组仪式现场指挥部
在纪念馆举行国家公祭仪式第一次核心要素演练 …………………… 179

南京市人民政府关于南京大屠杀死难者
国家公祭仪式有关事项的通告 …………………………………… 182

关于12月13日国家公祭仪式活动期间
采取临时交通管控措施的通告 …………………………………… 183

12月13日南京部分路段实施交通管控，
地铁云锦路站临时封闭 …………………………………………… 185

南京市国家公祭领导小组仪式现场指挥部
在纪念馆举行国家公祭仪式全要素演练 …………………………… 186

南京市国家公祭领导小组仪式现场指挥部
在纪念馆举行国家公祭仪式第二次核心要素演练 ………………… 189

第五部分　警示醒世——守护世界记忆 …………………………………… 191

历史痛感未敢忘，勠力同心谋复兴
——写在第九个国家公祭日到来之际 ……………………………… 193

永志不忘　继往开来
——二〇二二年南京大屠杀死难者国家公祭仪式侧记 …………… 196

铭记历史　砥砺奋进 ……………………………………………………… 200

旧金山海外抗日战争纪念馆设阅览室纪念华裔作家张纯如 ………… 202

离开南京后，这个日本人写下未泯的良心，
868 个 "×"，尽是我同胞血肉 …………………………………………… 203

从和平门到中华门，"12·12 和平之夜"
接力诵读 4 个小时，4 个地标，共读和平 ………………………………… 206

今年是南京大屠杀惨案发生 85 周年，见证者在陆续离去……
31 位版画家刻下 61 位幸存者的沧桑面影 ………………………………… 208

数十万名市民、游客在"和平许愿墙"上留言 ………………………… 211

十省市四十多所学校的学生共读国家公祭读本，
历史的记忆，"声声"不息 …………………………………………………… 213

日本侵华战争图片展在东京举行 ……………………………………………… 217

以舞致哀，祈愿和平！舞剧《记忆深处》五周年再度震撼上演 …… 220

这 1500 多人不能湮没在时光里
——寻访约翰·拉贝的"中国朋友们" ……………………………………… 222

彼岸鸢尾花开，一个人的力量可以汇聚成无穷
——走进张纯如的时空记忆 ………………………………………………… 226

"激活"档案，让历史说话
——12·13，南京记忆 ………………………………………………………… 236

寻找侵华日军"慰安妇"制度受害幸存者 ………………………………… 242

"12·13"烛光祭：星火祈和平，暖流汇五洲 …………………………… 250

紫金草花海与烛光汇成巨大的"平"字，
传递南京和平心声，中外人士线上线下"烛光同祭" ………………… 251

铭记历史 捍卫和平 …………………………………………………………… 255

守护不灭的记忆　凝聚前行的力量 ·· 257

奋斗是对历史最好的铭记 ·· 259

China holds national commemoration
for Nanjing Massacre victims ··· 261

China holds national commemoration
for Nanjing Massacre victims ··· 264

HKSAR holds commemoration for Nanjing Massacre victims ············ 267

Macao SAR holds commemoration
for Nanjing Massacre victims ··· 269

Inheritors to pass on Nanjing Massacre memory ·························· 271

资料集 ⑩

礼赞新时代庆祝新中国成立70周年

——新中国国庆公祭日12卷
国庆公祭

第一部分

国庆公祭

南京大屠杀死难者国家公祭日：
南京举行升国旗、下半旗仪式

12月13日清晨，南京的气温降至冰点。上午8时，着装整齐的旗手迈着正步，走向侵华日军南京大屠杀遇难同胞纪念馆集会广场中央。升国旗、下半旗仪式在这里举行。

2022年是南京大屠杀惨案发生85周年。2022年12月13日是第九个南京大屠杀死难者国家公祭日。

13日上午10时，南京大屠杀死难者国家公祭仪式在侵华日军南京大屠杀遇难同胞纪念馆举行。

国家公祭

解读南京大屠杀死难者国家公祭日资料集⑩

（中新网南京 12 月 13 日电　记者　朱晓颖）

中共中央、国务院在南京举行 2022年南京大屠杀死难者国家公祭仪式，蔡奇出席并讲话

中共中央、国务院13日上午在南京隆重举行2022年南京大屠杀死难者国家公祭仪式。中共中央政治局常委、中央书记处书记蔡奇出席并讲话。

公祭仪式在侵华日军南京大屠杀遇难同胞纪念馆集会广场举行。现场庄严肃穆，国旗下半旗。约3000名各界代表胸前佩戴白花，默然肃立。10时整，公祭仪式开始，奏唱中华人民共和国国歌。国歌唱毕，全场向南京大屠杀死难者默哀。同一时间，南京市拉响防空警报，汽车停驶鸣笛，行人就地默哀。默哀毕，在《公祭献曲》的旋律中，解放军仪仗大队16名礼兵将8个花圈敬献于公祭台上。

之后，蔡奇发表讲话。他表示，今天，我们在这里隆重举行南京大屠杀死难者国家公祭仪式，深切缅怀南京大屠杀中的无辜死难者，缅怀惨遭日本侵略者杀戮的死难同胞，缅怀为中国人民抗日战争胜利献出生命的革命先烈和民族英雄，缅怀同中国人民携手抗击日本侵略者而献出生命的国际战士和国际友人，表达中国人民坚定不移走和平发展道路的崇高愿望，宣示中国人民牢记历史、不忘过去，珍爱和平、开创未来的坚定立场。

蔡奇指出，可以告慰遇难同胞和先烈的是，经过一代又一代人奋斗拼搏，我们的国家发生了翻天覆地的变化，迈上了全面建设社会主义现代化国家的新征程，人民过上了小康生活，中华民族屹立于世界民族之林。

蔡奇强调，历史的苦难不能忘记，前进的脚步永不停息。前进道路上，我们要坚定不移地坚持中国共产党的领导，坚定不移地推进中国式现代化，坚定不移地发扬斗争精神，坚定不移地推动构建人类命运共同体。

蔡奇还指出，中国共产党立志于中华民族的千秋伟业，致力于人类和平与发展的崇高事业，责任无比重大，使命无上光荣。新时代新征程，全党全军全国各族人民要更加紧密地团结在以习近平同志为核心的党中央周围，以史为鉴、开创未来，踔厉奋发、勇毅前行，为全面建设社会主义现代化国家、全面推进中华民族伟大复兴而团结奋斗。中国人民愿同世界人民携手开创人类更加美好的未来。

国家公祭

解读南京大屠杀死难者国家公祭日资料集 ⑩

蔡奇讲话后，85名南京市青少年代表宣读《和平宣言》，6名社会各界代表撞响和平大钟。伴随着3声深沉的钟声，3000只和平鸽展翅高飞，寄托着对死难者的无尽哀思和对世界和平的无限期许。

中共中央政治局委员、中央政法委书记陈文清主持公祭仪式，全国人大常委会副委员长陈竺、国务委员王勇、全国政协副主席卢展工和中央军委委员、军委政治工作部主任苗华出席。

参加过抗日战争的老战士老同志代表，中央党政军群有关部门和东部战区、江苏省、南京市负责同志，各民主党派中央、全国工商联负责人和无党派人士代表，南京大屠杀幸存者及遇难同胞亲属代表，国内相关主题纪念（博物）馆、有关高校和智库专家代表，宗教界代表，驻宁部队官兵代表，江苏省各界群众代表等参加公祭仪式。

2014年2月27日，十二届全国人大常委会第七次会议通过决定，以立法形式将12月13日设立为南京大屠杀死难者国家公祭日。

（新华社）

中共中央政治局常委、中央书记处书记蔡奇在2022年国家公祭仪式上讲话全文

同胞们、同志们、朋友们：

今天，我们在这里隆重举行南京大屠杀死难者国家公祭仪式，深切缅怀南京大屠杀的无辜死难者，缅怀惨遭日本侵略者杀戮的死难同胞，缅怀为中国人民抗日战争胜利献出生命的革命先烈和民族英雄，缅怀同中国人民携手抗击日本侵略者而献出生命的国际战士和国际友人，表达中国人民坚定不移走和平发展道路的崇高愿望，宣示中国人民牢记历史、不忘过去、珍爱和平、开创未来的坚定立场。

1931年，日本帝国主义发动九一八事变，侵占了中国东北全境。1937年又蓄意制造卢沟桥事变，悍然发动了全面侵华战争。1937年12月13日，侵华日军野蛮侵入南京，制造了惨绝人寰的南京大屠杀惨案，30万同胞惨遭杀戮，无数妇女遭到蹂躏残害，无数儿童死于非命，大量财物遭到掠夺，昔日繁华的古都成了人间地狱。侵华日军公然违反国际法、一手制造的灭绝人性的南京大屠杀惨案，是骇人听闻的反人类罪行，是人类历史上十分黑暗的一页。日本侵略者的残暴行径，被永远钉在了历史的耻辱柱上，铁证如山、不容篡改。

日本军国主义的野蛮侵略，激起了中国人民的顽强反抗。全体中华儿女，为国家生存而战、为民族复兴而战、为人类正义而战。中国共产党人始终勇敢战斗在抗日战争最前线，支撑起中华民族救亡图存的希望，成为全民族抗战的中流砥柱！经过14年不屈不挠的浴血奋战，中国人民付出伤亡3500万人的沉重代价，打败了穷凶极恶的日本军国主义侵略者，孕育出伟大抗战精神，取得了中国人民抗日战争的伟大胜利，也为世界反法西斯战争胜利做出了重大贡献。

同胞们、同志们、朋友们！可以告慰遇难同胞和先烈的是，85年来，经过一代又一代人奋斗拼搏，我们的国家发生了翻天覆地的变化，迈上了全面建设社会主义现代化国家的新征程，人民过上了全面小康生活，中华民族屹立于世界民族之林。

今年，我们胜利召开了党的二十大，对全面建设社会主义现代化国家、全面推进中华民族伟大复兴进行了战略谋划，对统筹推进"五位一体"总体布局、协调推进"四个全面"战

略布局做出了全面部署，为新时代新征程党和国家事业发展、实现第二个百年奋斗目标指明了前进方向、确立了行动指南。

历史的苦难不能忘记，前进的脚步永不停息。我们要以习近平新时代中国特色社会主义思想为指导，深入学习贯彻党的二十大精神，务必不忘初心、牢记使命，务必谦虚谨慎、艰苦奋斗，务必敢于斗争、善于斗争，坚定历史自信，增强历史主动，谱写新时代中国特色社会主义更加绚丽的华章。

前进道路上，我们要坚定不移地坚持中国共产党的领导。中国共产党是领导我们事业的核心力量。中国人民和中华民族之所以能够扭转近代以后的历史命运、取得今天的伟大成就，最根本的是有中国共产党的坚强领导。全面建设社会主义现代化国家、全面推进中华民族伟大复兴，关键在党。我们要全面加强党的领导，深入推进新时代党的建设新的伟大工程，确保党发挥总揽全局、协调各方的领导核心作用，确保我们党更加团结统一。全国各党派、各团体、各民族、各阶层、各界人士要紧密团结在中共中央周围，万众一心向前进。

前进道路上，我们要坚定不移地推进中国式现代化。中国式现代化扎根中国大地，切合中国实际。我们党领导人民经过长期奋斗特别是新时代十年伟大变革，书写了经济快速发展和社会长期稳定两大奇迹新篇章，实现中华民族伟大复兴进入了不可逆转的历史进程，创造了人类文明新形态，为人类实现现代化提供了新的选择。我们要牢牢把握中国式现代化的中国特色、本质要求和重大原则，始终把国家和民族发展放在自己力量的基点上、把中国发展进步的命运牢牢掌握在自己手中，坚定信心、守正创新，以中国式现代化全面推进中华民族伟大复兴。

前进道路上，我们要坚定不移发扬斗争精神。中国共产党和中国人民是在斗争中成长和壮大起来的，敢于斗争、善于斗争是我们党的鲜明品格。我们党依靠斗争创造历史，更要依靠斗争赢得未来。当前，我国发展进入战略机遇和风险挑战并存、不确定难预料因素增多的时期。我们要增强全党全国各族人民的志气、骨气、底气，不信邪、不怕鬼、不怕压，知难而进、迎难而上，统筹发展和安全，全力战胜前进道路上的各种困难和挑战，依靠顽强斗争打开事业发展新天地。

前进道路上，我们要坚定不移地推动构建人类命运共同体。构建人类命运共同体是世界各国人民的前途所在，是引领时代潮流和人类前进方向的鲜明旗帜。中日邦交正常化50年以来，各领域交流合作成果丰硕，给两国人民带来重要福祉，也促进了地区和平、发展、繁荣。中日双方应该以诚相待、以信相交，总结吸取历史经验，从战略高度把握好两国关系的大方向，构建契合新时代要求的中日关系。我们将始终坚定地站在历史正确的一边、站在人类文明进步的一边，为推动构建人类命运共同体做出新的更大的贡献！

同胞们、同志们、朋友们！中国共产党立志于中华民族千秋伟业，致力于人类和平与发展的崇高事业，责任无比重大，使命无上光荣。新时代新征程，全党全军全国各族人民要更加紧密地团结在以习近平同志为核心的党中央周围，以史为鉴、开创未来，踔厉奋发、勇毅前行，为全面建设社会主义现代化国家、全面推进中华民族伟大复兴而团结奋斗。中国人民愿同世界人民携手开创人类更加美好的未来！

（国家公祭网）

中华中学 85 名学生代表南京青少年在国家公祭仪式现场诵读《和平宣言》，向全世界传递和平心声

2022 年 12 月 13 日，中华中学 85 名学生在国家公祭仪式现场诵读《和平宣言》，向全世界传递南京市青少年铭记历史、珍爱和平的心声。

千余学生踊跃报名

这是中华中学的学生第二次在国家公祭仪式现场诵读《和平宣言》。暑假期间，学校接到朗诵任务后，第一时间制定了实施方案和集训计划。

秋季学期开学后，中华中学 2 个校区 1000 多名学生主动报名参与选拔。学校团委书记戴俊说："从身高、形象、朗诵技巧等各方面考虑，最终选出 94 位同学参与集训。"学校建立了以朗诵为载体的学生综合素质培训体系，专门开设了朗诵专业素养、实践体悟、思想教育及礼仪规范相关课程。

戴俊说："学校组织学生专题学习南京大屠杀历史，集中学习《南京大屠杀死难者公祭读本》，并请语文老师和历史老师分别解读《和平宣言》中每个词语的意思，解读铭记历史、珍爱和平的意义，还带领学生们到侵华日军南京大屠杀遇难同胞纪念馆实地参观体验。学校邀请专业老师指导朗诵，邀请东航基地的老师进行礼仪培训。"

室外训练挑战不少

朗诵队的日常训练分为室内和室外两种。天气渐冷，为了模拟真实情景，学生们室外训练时会穿上统一配发的皮鞋，一站就是一个多小时，手脚冻得通红。

戴俊说："雨花校区有二十一位同学参与培训，这些学生每次都要在雨花、河西两个校区之间来回奔波，他们能够坚持走到最后，真的很不容易。"

据介绍，为了确保孩子们能顺利在国家公祭日当天诵读，此前两周，学校组织诵读师生隔离集训，并配备了完整的学科教师及生活医疗保障队伍，开启线下同步教学，让孩子们学习、训练两不误。

(新华社记者 李博 摄)

在朗诵中铭记历史

高三（6）班的学生夏雯静是《和平宣言》朗诵队的4名领诵人员之一，今年已经是她第二次担任领诵。2005年出生的她，是土生土长的南京姑娘。

"小时候住在纪念馆旁，去参观过很多次。斑驳砖墙上的一张张一页页仿佛在诉说浓浓的悲哀。"夏雯静表示，每次走进纪念馆，悲伤之情比以前更甚，希望学弟学妹们能牢记历史、不忘过去、珍爱和平。

"南京大屠杀是一段悲怆的、惨痛的历史，我们不能忘记历史。"高一（11）班的张嘉易也参与了此次朗诵培训，他说："为了更好地把握情感，在提高朗诵技巧的同时，我也在深入理解这段历史。只希望在现场能向全世界传递南京青少年铭记历史、珍爱和平的声音！"

（《南京日报》融媒体记者　钱红艳、王清）

第一部分
国行公祭——第九个国家公祭日全记录

6名各界代表撞响和平大钟
——铭记历史珍爱和平　携手开创美好未来

在12月13日举行的南京大屠杀死难者国家公祭仪式上,6名社会各界代表撞响和平大钟。浑厚庄重的钟声,在侵华日军南京大屠杀遇难同胞纪念馆上空久久回荡。这是缅怀、铭记、警示,更是对共筑和平的真诚祈愿。

6名撞钟人分别是徐工集团党委书记、董事长杨东升,江苏省人民医院院长刘云,江苏固城湖青松水产专业合作联社党委书记、理事长邢青松,中车南京浦镇车辆有限公司电焊工、中车首席技能专家孙景南,陆军工程大学"星火"理论宣讲服务政治教员群体成员俞红,南京市第一中学高二学生薛延涛。

6名社会各界代表撞响和平大钟（新华社记者　李博　摄）

"我们要永远牢记这段历史，不能忘记过去的苦难。"徐工集团党委书记、董事长杨东升说，"中华民族伟大复兴的历史进程不可逆转，我们比历史上任何时期都更加接近、更有能力和信心实现中华民族伟大复兴的目标。作为装备制造业的排头兵，徐工集团将坚定不移地扛起制造强国、科技强国的历史使命，加快构建现代化产业体系，着力推动企业高质量发展，早日把我国建设成为社会主义现代化强国，只有国家强大了，我们才有能力和底气捍卫和平，为世界和平与发展贡献中国力量。"

"当钟声敲响时，我们再一次回到那令人痛心难忘的岁月，这钟声是对死难同胞的哀悼之音，更是警醒之声，提醒我们要继承先人遗志，珍惜今天来之不易的和平岁月。"刘云表示，作为一名医务工作者，他要坚持"人民至上、生命至上"的服务宗旨，不断提高医疗服务水平和服务质量，提升公共卫生服务能力，在聚力健康中国、服务健康江苏中，在全面推进中华民族伟大复兴的新征程上，奋力书写守护人民健康的新篇章。

"历史的钟声告诫我们，要勿忘国耻、振兴中华！"邢青松表示，作为一名来自基层的水产养殖从业者，他将深入学习贯彻党的二十大精神，强化党建引领，全面推进乡村振兴，通过创新发展，带领农民增收致富。

"今天我们站在这里，就是要告诉大家，永远不要忘记我们民族的苦难，也不能忘记今天的美好生活是先烈用鲜血换来的，要谨记历史，勿忘国耻。"孙景南表示，作为新时期的产业工人，他将牢记使命，立足岗位，不断创新，未来更好地带领劳模和工匠们，用创新带动产业高质量发展。

"亲手撞响和平大钟，和大家共同表达铭记历史、珍爱和平的心声。"俞红表示，军人必须牢记"强国必先强军，军强才能国安"。人民军队有信心有能力维护国家的主权统一和领土完整，有信心有能力为实现中华民族伟大复兴提供战略支撑，有信心有能力为世界和平与发展做出更大的贡献。

作为参加撞钟的学生代表，薛延涛感到很荣幸，同时也感到心情沉重。他表示，新时代的青年学子要将个人奋斗融入时代大潮，努力学习科学文化知识，提高人文素养，增长知识才干，为实现中华民族伟大复兴的中国梦做出自己的努力。

（《南京日报》紫金山新闻记者 马金）

南京，城祭

12月13日，南京在寒冬中迎来第九个国家公祭日。10时01分，凄厉的防空警报响起，江上的轮船、路上的汽车跟随鸣笛，警报声、鸣笛声响彻大街小巷、长江两岸。

这一分钟，南京的时间仿佛凝固了。

侵华日军南京大屠杀遇难同胞纪念馆内，肃立着约3000名胸前佩戴白花的各界代表。85年前，侵华日军在南京制造了惨绝人寰的大屠杀——30万同胞惨遭杀戮，古都南京满目疮痍，无数民众流离失所……那是南京城历史上的至暗时刻。

国家公祭仪式现场，95岁的南京大屠杀幸存者葛道荣陷入了回忆。1937年12月，葛道荣的叔父和2个舅舅惨遭日军杀害，年仅10岁的他侥幸逃生。

2018年，"默哀一分钟"被明确写入条例，以确保国家公祭仪式的庄重感和仪式感，传递了一座城、一城人对历史的敬畏、对和平的坚守。

喧嚣繁华的南京商业中心新街口，车辆停驶，行人驻足；早高峰刚过的地铁站里，人们停下脚步观看电视直播国家公祭仪式；在全城十几处侵华日军南京大屠杀遇难同胞丛葬地，人们低首默哀、缅怀逝者。

中山码头丛葬地濒临长江，站在遇难同胞纪念碑前就能听到长江航道上的汽笛声。85年前，日军在中山码头一带屠杀了我同胞万余人。13日一早，南京海事局的海巡艇上悬挂着"悼念同胞，珍视和平"的横幅，市民、学生、各行各业的工作人员自发来到这里，身着黑衣，手捧菊花，寄托哀思。

悼念的人群中，幸存者常志强的女儿常小梅流下了眼泪："85年前的今天，我父亲目睹了6位亲人丧生在日军的刀枪之下，战争让9岁的他变成孤儿。我希望更多人能够记住这一天，记住南京，记住30万数字背后那一个个鲜活的生命是如何消失的。"

"我们很快就会渡过这个难关，群魔乱舞之后，安宁和秩序将会重新来临……"南京大学拉贝与国际安全区纪念馆内，学生们朗诵着《拉贝日记》选段，将亲手折叠的和平鸽放置在约翰·拉贝塑像前，表达谢意，祈愿和平。

1937年11月，南京沦陷前夕，包括约翰·拉贝在内的20多位外籍人士冒着生命危险建立了南京安全区，和中方管理人员一道，设立了25个难民收容所，保护了25万多名中国难民。

"这段历史告诉我们，人类从来都是相互依存、休戚与共的。我们有理由相信，和平与发展的共同理念会将全人类紧密联系在一起。"南京大学拉贝与国际安全区纪念馆负责人杨善友说。

"龙盘虎踞，彝训鼎铭，继往开来，永志不忘。"国家公祭仪式进行到尾声，85名青少年代表宣读《和平宣言》，6名社会各界代表撞响和平大钟。伴随着3声深沉的钟声，3000只和平鸽展翅高飞，寄托着对死难者的深沉哀思和对世界和平的坚定向往。

江苏省人民医院院长刘云是撞响和平大钟的代表之一。"这钟声不仅是对死难者的哀悼之音，更是警示之声，警示我们不能忘记那段历史，警示我们每一个国民要认识到肩上的使命。"

八十五载，痛感未敢忘。南京之痛，不仅仅是一座城市的悲剧和灾难，还是国家之殇、民族之痛，也是人类之劫、文明之耻。

12月13日，全国抗战主题纪念（博物）馆同步举行悼念活动；全国40多所小学通过网络云课堂同步举行"童心记历史·云上共朗读"主题班会；晚上6点半，"烛光祭·国际和平集会"在线上线下同步举行，来自日本、美国等地的国际友人手持白烛，通过网络对南京大屠杀死难者致哀。

"外敌的蹂躏和战争的磨难，使中国人民更加懂得和平的珍贵。"中共南京市委宣传部副部长、侵华日军南京大屠杀遇难同胞纪念馆馆长周峰说，"我们坚决反对否认和美化侵略、伤害民族情感的言行，在每一次悼念中敬畏生命，在哀思中凝聚奋进之力。"

第一部分
国行公祭——第九个国家公祭日全记录

执勤民警在南京鼓楼广场脱帽致哀,悼念遇难同胞

警报响起,南京市街道上的市民默哀

南京长江大桥,机动车驾驶员和乘客自发下车,站立车边肃立默哀

国家公祭
解读南京大屠杀死难者国家公祭日资料集⑩

侵华日军南京大屠杀中山码头遇难同胞纪念碑前,各界群众悼念南京大屠杀遇难同胞

第一部分
国行公祭——第九个国家公祭日全记录

警报响起,南京师范大学附属小学课堂上,小学生起立默哀

南京五马渡游轮码头,干部职工肃立默哀

南京站,干部职工在候车室举行悼念活动

(新华社)

019

祭奠南京大屠杀死难者"世界和平法会"举行

庄重的诵经声，在侵华日军南京大屠杀遇难同胞纪念馆遇难者名单墙前低沉回荡。12月13日下午，2022年"世界和平法会"举行，僧侣及信众齐声唱念，告慰亡灵，祭奠南京大屠杀死难者。

法会现场庄严肃穆，共同缅怀逝者，超度亡灵。韩国和日本的法会人士未能来到现场，他们在所在地继续为南京大屠杀死难者诵经悼念。

（《南京日报》记者 孙中元 摄）

一位信众在接受记者采访时表示："和平来之不易，只有人们共同珍惜和平，才能拥有幸福安康的生活。"另外一名信众说："希望通过这样的行动，告慰南京大屠杀中的死难者，希望战争不再重演，希望和平永驻人间。"

据了解，自2003年以来，"世界和平法会"已连续举办了20年，旨在超荐南京大屠杀死难者，祭奠逝者、祈愿美好生活，让所有人共同镌刻和筑牢这段历史的记忆，向世界发出和传递和平的声音。

（《南京日报》记者　余梦迪）

国家公祭
解读南京大屠杀死难者国家公祭日资料集 ⑩

"烛光祭·国际和平集会"举行，点点烛光寄托哀思

摆成数字"85"形状的蜡烛在寒夜里闪烁，低沉的小号《南京记忆》在夜空中回响。12月13日晚上6点30分，"烛光祭·国际和平集会"在侵华日军南京大屠杀遇难同胞纪念馆祭场举行。南京大屠杀幸存者后代代表、南京市教师代表、医护代表、紫金草艺术团童声合唱团的孩子们、紫金草志愿者代表、宗教人士代表、基层党员、海外华人华侨代表以及纪念馆工作人员等一同参加了当晚的集会活动。

当晚，烛光祭还在线上举办，数以万计来自世界各地的网友同步点亮温暖的烛光，缅怀南京大屠杀死难者，祈愿世界和平。

12月13日晚，"烛光祭·国际和平集会"在侵华日军南京大屠杀遇难同胞纪念馆举行

晚上6点30分，纪念馆祭场内，小号手吹响《南京记忆》。参加活动的人们早早来到现场，穿着素服，手捧烛光，神情肃穆，静静伫立。20名学生手捧蜡烛，缓步向前，按照"85"字样依次摆放好手中的蜡烛。

紫金草艺术团童声合唱团的30位小歌手手捧蜡烛，合唱《蚕豆歌》，表达对同胞的哀思。

点点烛光告慰逝者、祈愿和平

小学生们共同点亮蜡烛，悼念遇难同胞，祈愿世界和平

国 家 公 祭
解读南京大屠杀死难者国家公祭日资料集 ⑩

在场外，南京师范大学附属中学江宁分校、南京外国语学校、南京市第十二中学、中山码头丛葬地、北极阁丛葬地、金陵大学难民收容所及遇难同胞纪念碑等地，学生和市民同步进行烛光祭，并通过大屏连线的方式，共同缅怀逝者。

日本神户·南京心连心会代表宫内阳子现身现场大屏，表达和平愿景

1938年2月回到南京参与救护难民的鼓楼医院外科医生理查德·布莱迪的曾孙女梅根·布莱迪现身现场大屏，传递和平祝福

85年前，南京大屠杀惨案发生时，国际友人约翰·马吉不顾个人安危，留守南京，参与救护了20多万中国难民。他还悄悄用16毫米摄影机拍摄下日军暴行，这些影像成为日军南京大屠杀的铁证。当晚，约翰·马吉之孙克里斯·马吉通过视频连线参加烛光祭活动。

国际友人约翰·马吉的孙子克里斯·马吉现身现场大屏，表达了对南京大屠杀死难者的缅怀

25年前，美籍华裔作家张纯如写就了《南京浩劫——被遗忘的大屠杀》一书，揭露二战期间侵华日军南京暴行，在西方世界引起强烈反响。烛光祭现场，张纯如的母亲张盈盈女士现身大屏幕。她说："1997年，南京大屠杀惨案发生60周年，我的女儿张纯如发表了她的著作。今年是南京大屠杀惨案发生85周年，我们在海外参与民间组织世界抗日战争史实维护会悼念活动，希望用我们的一份力量，教育下一代牢记南京大屠杀。"

活动现场，南京大屠杀幸存者后代代表、幸存者常志强的外孙李帆超，南京教师代表、南京大学德语系主任陈民，医务人员代表、江苏省人民医院医生陈步伟，以及学生代表张熙桐依次发言。

国家公祭

解读南京大屠杀死难者国家公祭日资料集⑩

紫金草女孩向地面播撒象征和平的种子

"外敌的蹂躏和战争的磨难，使中国人民更加懂得和平的珍贵，更加坚定以史为鉴、开创未来的信念。"南京市委宣传部副部长、侵华日军南京大屠杀遇难同胞纪念馆馆长周峰说，"一次庄严的纪念，就是一次记忆的唤醒，今夜，我们手捧蜡烛，点燃的不仅是心中的温暖，更是守护历史真相、捍卫正义和平的精神火炬，照亮和平发展、共同繁荣的人间正道。"

（《南京日报》紫金山新闻记者　江瑜）

国家公祭

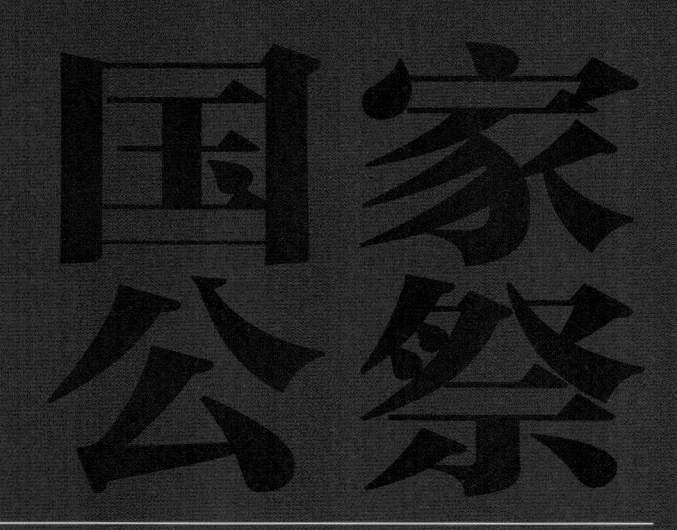

第二部分

海内外同祭
——悼念南京大屠杀死难者

解读南京大屠杀死难者国家公祭日资料集⑩

中国

香港：沉香祭英魂

12月13日，位于香港元朗的锦田历史文化营里白菊朵朵，很多香港市民到此参与由香港抗战历史研究会主办的"国家公祭日暨香港和平纪念林启动仪式"，人们纷纷种上沉香树苗，以寄哀思。

2022年12月13日是第九个南京大屠杀死难者国家公祭日。"今天，我们向死难者致以最崇高的敬意。我希望借此机会表明中国人民坚决维护国家主权、领土完整和世界和平的坚定立场。"中国香港特别行政区行政长官李家超在特别行政区政府总部举行的南京大屠杀死难者国家公祭日公祭仪式上说。

当日的特别行政区政府总部内，白色的"南京大屠杀死难者国家公祭日"大字写在蓝色底板上。李家超在致献花圈后，与全国政协副主席梁振英、特别行政区政府主要官员等默哀，悼念南京大屠杀死难者和日本侵华战争期间的死难者。

十点整，在国歌声中，香港和平纪念林启动仪式现场的香港市民全体肃立，与国同祭。人们把素净的白菊戴在胸口，缅怀南京大屠杀死难者，缅怀所有惨遭日本侵略者杀戮的死难同胞，缅怀为抗日战争胜利献出生命的先烈和英雄。

香港抗战历史研究会向全体香港市民发出倡议：建设"香港和平纪念林"，用全民植树、护养的绿色方式，表达对死难者的哀悼和对抗战英烈的缅怀，表达对世界和平的追求。

104岁的抗战老兵陈炳靖坐着轮椅来到现场，陪同的家属代表他种下第一棵沉香树。"这次植树活动也提醒我们历史不能被遗忘，我们要将历史一代代传承下去。"这位家属说。

钟声慈善社胡陈金枝中学校长刘德铭带领学生来到现场。他表示，今天是国家公祭日，让学生们参与到纪念活动中来，可以帮助他们获得更多课本之外的历史知识。

参加活动的中学生黄庭婷说："今天的活动让我永远铭记那段残酷的历史。没有先辈的奉献，就没有我们现在的幸福生活。"

香港抗战历史研究会会长吴军捷说："大家要记住国家苦难的过去，记住民族灾难深重之时，不顾个人安危以血肉之躯奋战的英勇战士。希望我们用行动表达对历史的铭记、对英雄的崇敬，以及对建设未来的信心。"

（新华社香港12月13日电）

澳门举行公祭活动，悼念南京大屠杀遇难同胞

中国澳门特别行政区政府12月13日举行南京大屠杀死难者国家公祭日活动。全国政协副主席何厚铧、澳门特别行政区行政长官贺一诚、澳门中联办主任郑新聪、外交部驻澳门特派员公署署理特派员王冬、解放军驻澳门部队司令员徐良才，以及特别行政区政府主要官员和社会各界人士等约300人出席。

上午9时整，路环保安部队高等学校操场，参加活动的人士全体肃立，奏唱国歌。特警仪仗队手持写有"沉痛悼念南京大屠杀死难者"挽联的花圈，放至献花台。

何厚铧、贺一诚等分别到献花台敬献花圈并鞠躬。随后，全体默哀1分钟，鞠躬致哀。

前来参加公祭仪式的学生纷纷表示，新时代澳门青年应铭记这段沉痛的历史，担起责任和义务，了解国家发展并做出贡献，成为爱国爱澳的接班人。

（新华社澳门12月13日电）

南京大屠杀死难者国家公祭日
全国 34 家纪念馆、博物馆举行同步悼念活动

2022 年 12 月 13 日是第九个南京大屠杀死难者国家公祭日，江苏省南京市举行多项悼念活动。

在中国博物馆协会纪念馆专业委员会与纪念馆的共同倡议下，12 月 13 日，北京、上海、延安、沈阳、旅顺、抚顺、哈尔滨、芷江、东莞、腾冲、武乡、盐城等地的 34 家全国抗战类纪念馆、博物馆与南京同步，举行线上、线下悼念活动，共同缅怀南京大屠杀的无辜死难者，缅怀惨遭日本侵略者杀戮的死难同胞，缅怀为中国人民抗日战争胜利献出生命的革命先烈和民族英雄，缅怀同中国人民携手抗击日本侵略者而献出生命的国际战士和国际友人，表达中国人民坚定不移走和平发展道路的崇高愿望。

中国人民抗日战争纪念馆：
举行南京大屠杀死难者国家公祭日悼念活动

2022年12月13日，中国人民抗日战争纪念馆恢复开放。恢复开馆首日，该馆举行了南京大屠杀死难者国家公祭日悼念活动，缅怀南京大屠杀中的死难同胞。

上午，该馆30余位干部职工代表向抗战英烈和死难同胞默哀并敬献鲜花。该馆还利用微信公众号"卢宛评"栏目，推出《深切缅怀 勇毅前行 矢志复兴——写在第九个南京大屠杀死难者国家公祭日来临之际》评论文章。同日，该馆还举办了国家公祭日共读《南京大屠杀》读书会，通过线上与线下相结合的方式，邀请抗战馆史学研究部工作人员韩亮带领全馆干部职工及志愿者共读《南京大屠杀》这本书，表达铭记历史、缅怀同胞、珍爱和平、矢志复兴的愿望。

该馆党委副书记董立新说："悼念活动旨在铭记那段国破人亡的惨痛历史，谴责日本侵略者的残暴罪行，缅怀无辜遇难的同胞和英勇牺牲的革命先烈，传递和平发展的信念和力量。我们将传承好抗战精神，用强国复兴的新业绩告慰同胞。"

（《北京日报》记者 牛伟坤）

沈阳"九·一八"历史博物馆：
举行"铭记勿忘 砥砺奋进"南京大屠杀死难者国家公祭日悼念活动

2022年12月13日，沈阳"九·一八"历史博物馆以"铭记勿忘 砥砺奋进"为主题，在线上、线下全天同步举行国家公祭日悼念活动。

悼念活动现场气氛庄严肃穆，参观者手持菊花，在以"白山黑水"为主题设计的博物馆序厅内低首肃立，为死难同胞默哀。默哀毕，参加公祭日悼念活动的各界群众缓步列队，将手中的菊花敬献在卧碑前，以此缅怀所有惨遭日本侵略者杀戮的死难同胞，缅怀为中国人民抗日战争胜利献出生命的革命先烈和民族英雄。

昭昭前事，惕惕后人。悼念活动当天，沈阳"九·一八"历史博物馆在序厅内新设了"南京大屠杀被害同胞遇难图片展"。一张张照片穿越历史，讲述着1937年侵华日军在南京实施的惨绝人寰的屠杀暴行。现场参观的群众纷纷表示，一定要继承发扬伟大抗战精神，踔厉奋发、勇毅前行，以中华民族伟大复兴不断前行的新成就，告慰为中国人民抗日战争和世界反法西斯战争胜利献出生命的所有英灵。

永矢弗谖，祈愿和平。临近期末考试，18岁的大学生王思源未能到现场参加悼念活动，他选择在线上参与沈阳"九·一八"历史博物馆组织的"铭记历史 珍爱和平"网络公祭活动，成为第1486位悼念者。王思源说："回顾历史，方知今日的幸福来之不易。我要努力学习，将来立足岗位做贡献，用实际行动捍卫祖国的和平未来。"

(《光明日报》记者 刘勇)

八路军太行纪念馆：
举行南京大屠杀惨案发生85周年公祭活动

2022年12月13日上午10时许，山西长治八路军太行纪念馆同步举行南京大屠杀惨案发生85周年公祭活动。干部职工于八路军抗战史陈列馆前广场唱国歌、默哀3分钟。随后，全体人员缓缓走进八路军抗战史陈列馆，向序厅正面"太行精神　光耀千秋"下方的卧碑敬献鲜花，并参观八路军抗战史陈列馆。

抚顺平顶山惨案纪念馆：
组织观看南京大屠杀相关纪录片

2022年12月13日上午10时，抚顺平顶山惨案纪念馆举行南京大屠杀死难者国家公祭日悼念活动。全体干部职工向死难者默哀、敬献鲜花，并观看南京大屠杀相关纪录片。

上海淞沪抗战纪念馆：
举行"勿忘国耻，振兴中华"南京大屠杀死难者国家公祭日悼念活动

2022年是南京大屠杀惨案发生85周年，也是淞沪抗战爆发85周年。12月13日，上海淞沪抗战纪念馆在宝山罗店与淞沪馆胜利广场同步举行悼念活动。

上午10时，广大学生、医护人员以及社会各界代表集聚罗店红十字纪念碑前，向先烈敬献花圈、默哀，深切缅怀在南京大屠杀中被日本侵略者杀害的死难者以及为中国人民抗日战争胜利献出生命的民族英雄。当天，"红十字四烈士事迹陈列室"也正式揭牌并免费向公众开放。

同日，在上海淞沪抗战纪念馆胜利广场，许多市民自发前来参加公祭仪式，他们手捧鲜花，鞠躬致意，表达哀思。为丰富公祭日活动，该馆还推出了"红色江南——长三角党史纪念地巡礼"专题展。该展览由中共中央党史和文献研究院第三研究部指导，中共上海市委党史研究室与江、浙、皖三省党史研究部门共同主办。展览发掘了上海、江苏、浙江、安徽等省市的红色资源，以真实的画面、形象的图文展示了新民主主义革命时期中国共产党在长三角的光荣历史，是一堂极具教育意义的"党史课"。

为方便市民参加国家公祭活动，满足大家缅怀的需求，该馆在公祭日当天推出在线公祭，市民可在云端点亮蜡烛，共祈和平。

新四军纪念馆：同步举行悼念活动

2022年12月13日上午10时整，江苏盐城新四军纪念馆与全国抗战主题类纪念馆同步举行南京大屠杀死难者国家公祭日悼念活动。现场，人们通过抗战诗歌朗诵、红色故事宣讲等形式寄托哀思、告慰英灵，来自机关、学校、企业等社会各界代表百余人参加了悼念活动。

中国人民抗日军政大学陈列馆：
开展线上线下直播联动，共同悼念南京大屠杀死难者

2022年12月13日，位于河北省邢台市信都区的中国人民抗日军政大学陈列馆通过线上线下相结合的形式，举行南京大屠杀死难者国家公祭日悼念活动，祭奠30万死难同胞，增进民众爱国情怀。陈列馆工作人员、抗大旧址村群众代表等现场参加活动。位于北京、沈阳、旅顺、抚顺、哈尔滨、上海等地的30家全国抗战类纪念馆联动举行悼念活动，缅怀死难同胞。

举国公祭，祀我国殇。10时整，公祭仪式在陈列馆广场正式开始，参加活动的全体人员齐唱中华人民共和国国歌、抗大校歌，陈列馆工作人员向抗大群体雕像敬献花篮。

随后，陈列馆广场响起防空警报，全场人员向南京大屠杀死难者默哀，寄托对死难者的深深哀思。

参加活动的人员在"勿忘国耻　圆梦中华"许愿墙上郑重签字留言，寄托哀思，抒发美好祝福，表达对和平幸福生活的向往。

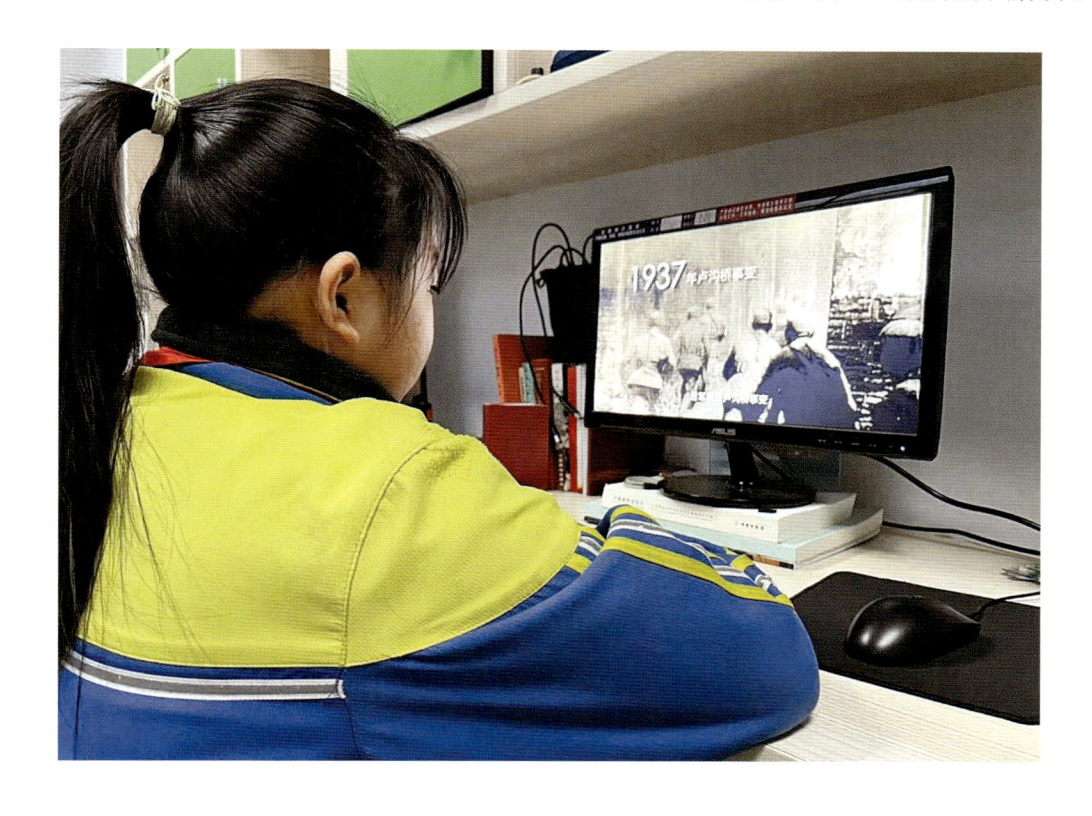

在陈列馆的协调组织下，邢台市信都区浆水中学、邢台市第十四中学、邢台市第二十二中学、邢台市英华初级中学等12所中小学的1000余名师生通过线上形式参加悼念活动，祭奠同胞、铭记历史，珍惜来之不易的幸福生活。

陈列馆馆长杨树介绍，通过线上线下直播联动的形式开展公祭日悼念活动，能让更多青少年和社会各界人士广泛参与，警示大家铭记历史、警钟长鸣，以史为鉴、面向未来，扩大爱国主义教育的范围，让革命的火焰代代相传。

(《光明日报》记者　耿建扩、陈元秋)

中国人民抗日战争胜利受降纪念馆：
举行同步悼念活动

2022年12月13日，位于湖南省怀化市芷江县的中国人民抗日战争胜利受降纪念馆举行南京大屠杀死难者国家公祭活动，悼念遇难同胞和抗战先烈，警示世人勿忘国难，祈愿和平。

10时整，芷江拉响防空警报。芷江政府机关工作人员代表、公安民警、人武干部等100余人手拿白菊、神情肃穆，低头向南京大屠杀30万遇难同胞默哀。默哀结束后，大家依次向胜利雕塑敬献鲜花，表达哀思，祈愿和平。

"今天是南京大屠杀惨案发生85周年纪念日，我们在这里举行同步公祭仪式，组织社会各界参与缅怀活动，悼念死难同胞和抗战先烈，祈福和平。作为国家级爱国主义教育基地，

同步公祭不仅要教育大众铭记历史，更要激励各界中华儿女从历史中汲取前进力量。"中国人民抗日战争胜利受降纪念馆馆长吴建宏说，"多难兴邦，天佑中华。在伟大抗战精神的激励下，我们要深入学习贯彻党的二十大精神，踔厉奋发、勇毅前行，为全面建设社会主义现代化国家、全面推进中华民族伟大复兴而团结奋斗！"

"今天参观纪念馆，我知道了和平来之不易。"芷江县荷花池小学三年级学生向坤元说，"在14年抗战中，日军对中国人民进行了惨无人道的屠杀、迫害和摧残，给中国人民带来了深重的灾难。我们小学生要牢记这个民族'伤疤'，在心里种下爱好和平的种子，好好学习，长大后以实际行动坚决维护国家的尊严和安全。"

(《光明日报》记者　禹爱华、龙军)

滇西抗战纪念馆：举行同步悼念仪式

2022年12月13日，云南腾冲滇西抗战纪念馆举行同步悼念仪式。国殇墓园远征军纪念广场气氛庄严肃穆，伴随着雄壮的国歌声，悼念活动正式开始。在场人员向中国远征军抗日阵亡将士及死难同胞默哀、敬献花圈，并集体朗诵《和平宣言》。随后，工作人员分享抗战故事《抗日名将寸性奇》，表达对革命先烈的缅怀与敬意，寄托对英雄烈士的哀思。

旅顺日俄监狱旧址博物馆：
举办"勿忘国耻　圆梦中华"国家公祭日悼念活动

2022年12月13日上午，由中共大连市委宣传部和大连市公共文化服务中心主办，旅顺日俄监狱旧址博物馆承办的"勿忘国耻　圆梦中华"国家公祭日悼念活动在旅顺日俄监狱旧址博物馆举行。

广东东江纵队纪念馆：
同步举行南京大屠杀死难者国家公祭日悼念活动

2022年12月13日是南京大屠杀惨案发生85周年，也是第九个南京大屠杀死难者国家公祭日。为缅怀南京大屠杀死难者，缅怀所有惨遭日本侵略者杀戮的死难同胞，缅怀为中国人民抗日战争胜利献出宝贵生命的革命先烈和民族英雄，广东东江纵队纪念馆与侵华日军南京大屠杀遇难同胞纪念馆等全国30家抗战类纪念馆异地联动，同步举行南京大屠杀死难者国家公祭日悼念活动。

上午10时整，广东东江纵队纪念馆全体干部职工与自发前来的社会各界群众参加了悼念仪式，现场庄严肃穆，全体人员向死难同胞和牺牲先烈默哀。全体人员高唱中华人民共和国国歌后，消防指战员敬献花篮，寄托哀思。学生代表朗诵《和平宣言》，发出和平祈愿。随后，全体人员依次敬献鲜花，并参观了"东江铁流　南粤旌旗"主题展览。

自国家公祭日设立以来，广东东江纵队纪念馆每年都会举行悼念活动，缅怀抗日英烈和死难同胞，开展爱国主义教育，进一步扩大国家公祭日的社会影响力和公众参与度，引领广大人民群众铭记历史、守望和平、开创未来。

（新华网记者　朱皓）

山西国民师范旧址革命活动纪念馆：
同步举行南京大屠杀死难者国家公祭日悼念活动

2022年12月13日上午10时整，山西国民师范旧址革命活动纪念馆同步举行南京大屠杀死难者国家公祭日悼念活动。纪念馆馆长万晓明主持悼念活动，纪念馆全体职工40余人参加活动，寄托哀思，告慰英灵。

中山舰博物馆：
同步举行南京大屠杀死难者国家公祭日悼念活动

2022年12月13日，湖北武汉的中山舰博物馆同步举行南京大屠杀死难者国家公祭日悼念活动，在场人员手持白菊，寄托哀思，告慰英灵。

赵一曼纪念馆：
同步举行南京大屠杀死难者国家公祭日悼念活动

2022年12月13日上午，四川宜宾的赵一曼纪念馆同步举行南京大屠杀死难者国家公祭日悼念活动。馆内干部职工手持白菊，向南京大屠杀死难者及抗日英烈默哀，寄托哀思。

龙华烈士纪念馆：同步举行悼念活动

2022年12月13日上午10时，上海龙华烈士纪念馆全体干部职工在龙华烈士陵园纪念碑广场为所有南京大屠杀死难者默哀、敬献鲜花，表达哀思。

南京抗日航空烈士纪念馆：
同步举行2022年南京大屠杀死难者
国家公祭日悼念活动

2022年12月13日，南京抗日航空烈士纪念馆同步举行"铭记历史 珍爱和平 开创未来"2022年南京大屠杀死难者国家公祭日活动。

赵尚志纪念馆：
同步举行南京大屠杀死难者国家公祭日悼念活动

2022年12月13日上午10时，辽宁朝阳赵尚志纪念馆同步举行南京大屠杀死难者国家公祭日悼念活动。现场全体人员肃立、摘帽，向死难同胞默哀，并敬献花篮，表达深切的缅怀。

金山卫抗战遗址纪念园：
举行悼念南京大屠杀死难者仪式

2022年12月13日上午10时，各界人士在金山卫抗战遗址纪念园举行南京大屠杀死难者国家公祭日金山区公祭仪式。在场人员手捧鲜花，为所有南京大屠杀死难者和金山"十月初三"惨案遇难同胞默哀。

2022 "勿忘国耻 圆梦中华"
国家公祭日大型网络联动公祭活动启动

第九个南京大屠杀死难者国家公祭日临近，12月9日，国家公祭网、新华网等17家网络媒体共同推出"勿忘国耻 圆梦中华"大型网络联动公祭活动，缅怀南京大屠杀死难者，缅怀惨遭侵华日军屠戮的死难同胞和为中国人民抗日战争胜利献出生命的革命先烈和民族英雄，铭记历史史实，增强爱国情感，珍爱和平生活。

2014年2月27日，国家以立法形式将每年的12月13日设立为南京大屠杀死难者国家公祭日。同年，南京市首次推出网络联动公祭活动，此后，活动从未间断。8年来，来自全国各地以及美国、英国、德国、澳大利亚等地的千万网友通过在线公祭，缅怀南京大屠杀死难者，营造牢记历史、不忘过去、珍爱和平、开创未来的浓厚网络氛围。

扫描二维码，参与在线公祭

参加本次活动的网友可登录国家公祭网、新华网、新华网客户端、中央广电总台国际在线、中国江苏网、新华报业网、交汇点新闻、荔枝网、荔枝新闻、我苏网、我苏客户端、龙虎网、《南京日报》南报网、紫金山新闻、南京广播电视网、牛咔视频、凤凰网江苏进入在线公祭专题，一键参与公祭。网友们可通过点烛、献花、在线留言、敲响和平大钟等方式缅怀遇难同胞并寄托哀思。

1937年12月13日是一个以血泪书写的日期，记载着中华民族深重的苦难，标注着人类文明史上十分黑暗的一页。85年前，南京城破，30多万同胞惨遭日寇杀戮，血腥屠杀震惊世界。85载倏忽而逝，民族之耻永不敢忘。

国行公祭，祀我国殇！逝者已矣，生者奋进！当警报声再次响起，这是对逝者的告慰，更是对国人的警示，历史悲剧不能重演，中华民族走向伟大复兴的历史脚步不可阻挡，勿忘国耻，圆梦中华！

（新华网记者　徐红霞、王正一）

海外

70多个国家和地区的160多个华侨社团同步悼念南京大屠杀死难者

2022年，美国、加拿大、澳大利亚、新西兰、墨西哥、阿根廷、泰国、马来西亚、蒙古国等海外70多个国家和地区的160多个华侨社团，响应江苏省侨联、南京市侨联和侵华日军南京大屠杀遇难同胞纪念馆倡议，在居住国同步开展主题座谈会、举办烛光祭和"南京大屠杀史实展"。活动辐射到很多住在国当地居民。

12月7日，"侨连五洲·相约江苏——铭记历史 珍爱和平"海内外侨界和平祈愿会在南京举办。会上，江苏省侨联海外顾问、加拿大江苏国际商会会长姜睿作为海外江苏侨胞之家负责人代表，宣读了由35个国家的38家海外江苏侨胞之家共同发出的《和平祈愿书》，并向全球华侨华人发布。截至发稿，祈愿书已经在全球100多个国家的10万多名民众中接力传递。

鉴于部分国家和地区的侨团无法组织大规模海外和平集会，12月13日上午，南京市侨联组织在宁部分侨领、归侨侨眷、留学生、基层侨务工作者等，连线20多个国家和地区的分会场，开展线上"云集会"，共同观看南京大屠杀死难者国家公祭仪式直播，同步举行悼念活动。南京市侨联还发起了世界和平火炬"云接力"活动，截至发稿，已有158个国家和地区的海外华人华侨参与。

加拿大：与中国南京同步举行公祭活动

加拿大时间 2022 年 12 月 9 日，由加拿大江苏同乡联谊总会和加拿大南京同乡总会联合举办的纪念南京大屠杀死难者祭奠仪式及"勿忘历史 珍爱和平"图片展在加拿大温哥华地区铁道镇举行。中国驻温哥华总领事杨舒受邀出席了祭奠仪式并致辞献花。加拿大本拿比市议员王白进、温哥华 60 多家华人社团的近百名代表，以及加拿大当地居民自发参加了纪念活动。

当地时间 2022 年 12 月 10 日，加拿大和枫会海外华人华侨举行"传承记忆，弘扬和平"线上论坛。论坛一开始，大家举行了线上烛光祭。中国驻多伦多总领事馆副总领事程洪波、前安大略省议员黄素梅、加拿大联邦国会议员 MP Leah Taylor Roy、国会议员 MP Paul Chiang、约克区议员 Alan Ho 分别致辞。论坛上，加拿大和枫会会长余承璋分享了《传承记忆　弘扬和平正义之光》。南京师范大学副校长、南京师范大学南京大屠杀史研究中心主任张连红教授分享了《董显光与战时南京大屠杀影片的海外传播——战时约翰·马吉和他的记录日军暴行的真实影片》。张纯如的母亲张盈盈博士也参加了论坛讨论。

国家公祭

解读南京大屠杀死难者国家公祭日资料集 ⑩

当地时间2022年12月12日下午6点，在海外侨团同步悼念南京大屠杀死难者加拿大西部地区分会场，加拿大华人社团联席会、加拿大江苏华人联合总会和加拿大华人妇女联合会三大侨团联合举办了南京大屠杀死难者祭奠仪式以及"勿忘历史 珍爱和平"图片展。悼念活动中，温哥华华人代表肃立默哀。加拿大华人社团联席会执行主席薛晓梅致辞。她说："我们身在海外的华人华侨应担起传播南京大屠杀历史真相的责任，历史不容篡改，同时我们要教育华裔后代勿忘历史、让和平代代延续，永远传递。"加拿大江苏华人联合总会及加拿大华人妇女联合会会长徐凌是土生土长的南京人。她在活动中说："南京大屠杀惨案铁证如山、不容篡改。我们不是要延续仇恨，而是要唤起每一个善良的人们对和平的向往和坚守。"中国驻温哥华侨务处主任陈青杰及侨务领事杨光参加了悼念活动。

（综合加拿大江苏同乡联谊总会公众号、中华网加拿大频道）

美国：旧金山举行"南京祭"活动，纪念南京大屠杀惨案发生 85 周年

美国加利福尼亚州旧金山湾区各界华侨华人于 12 月 11 日在旧金山唐人街的中华文化中心礼堂隆重举行"南京祭"活动，纪念南京大屠杀惨案发生 85 周年。

该活动已经连续举办 26 年，体现了海外侨胞捍卫历史真相、守护世界和平的坚定信念。南京大屠杀索赔联盟、旧金山湾区中国统一促进会、旧金山抗日战争史实维护会、"慰安妇"正义联盟等团体和华侨华人代表汇聚一堂，会场气氛庄严肃穆，大家共同缅怀英烈、悼念遇难同胞，呼吁牢记历史教训，维护世界持久和平。中国驻旧金山总领事张建敏、旧金山市政府代表出席活动。

张建敏在致辞中表示，中国人民谱写了国家和民族发展的壮丽史诗。当今世界和平与发展局面来之不易，我们应牢记历史教训，捍卫历史正义，坚决反对和谴责任何企图否定二战史实，挑战战后国际秩序的言行，共同维护《联合国宪章》的宗旨和原则，告慰遇难同胞和先烈。

南京大屠杀索赔联盟主席张蓝真表示，中国政府设立南京大屠杀死难者国家公祭日，极大地促进了旧金山湾区"南京祭"活动向深度和广度发展，该活动受到国内外越来越多的关注和支持。她说："海外华侨华人与祖国永远血脉相通、荣辱与共。"

世界抗日战争史实维护联合会会长李玲说："中国人民付出了巨大的牺牲，才取得了抗战的伟大胜利，先辈完成了时代的责任和使命。今天我们这一代也面临历史赋予我们的不可推卸的责任和使命。"

旧金山湾区中国统一促进会会长关家澄号召海外华侨华人牢记历史、勿忘国耻，奋发图强、振兴中华，致力于民族复兴的伟大事业，担当中国与世界繁荣发展的纽带。

2022年"南京祭"活动的开场环节是一组少年儿童登台朗诵《和平宣言》。他们还各自创作了以和平鸽为主题的绘画，张贴在"南京祭"活动现场的墙上。对历史血脉的传承，对世界和平的祈愿，正在年轻一代心里生根、发芽、成长。

（新华社）

意大利：旅意华侨华人商协会
举办国家公祭日悼念活动

当地时间 2022 年 12 月 13 日，意大利米兰的旅意华侨华人社团代表以及部分意大利友好人士聚在一起，举办以"勿忘国耻 圆梦中华"为主题的纪念活动，深切悼念 85 年前在南京大屠杀中遇难的 30 万同胞。

活动正式开始前，会场滚动播放着《人类的浩劫——1937 南京大屠杀》视频，与会侨胞和代表深受触动。他们胸前佩戴白花，全体肃立，高唱《义勇军进行曲》；他们打开手机，参与世界和平火炬"云接力"活动，在线传递着和平火炬；他们手托烛台，围绕燃放着"12.13"蜡烛的桌子缓缓前行；他们默哀缅怀、共读《和平宣言》……

"希望活动能够唤醒更多良善之心对和平的向往和守望，增强我们的忧患意识和自强不息的民族精神。唯有了解历史，才能更好地正视现在，展望未来。"意大利江苏总商会暨意大利意中交流协会主席朱裕华表示。

"我们再一次深深体会到民族危亡之时的切肤之痛，更深刻领悟到国家的强大对于全体中华儿女的重要意义！我们要牢记历史，并以史为鉴。"意大利米兰宋庆龄基金会会长陈银燕表示。

受邀参加活动的米兰市市长特使巴贝里斯表示："我向南京大屠杀的死难者表示哀悼。虽然我们属于不同的民族，但是我们都经历过战争，有着对战争惨痛的记忆，这次活动让我们再次意识到和平的重要性。"

本次活动由意大利江苏总商会、意大利米兰宋庆龄基金会、意大利意中交流协会等旅意各大商协会以及中国国际贸易促进委员会意大利代表处发起，意大利华人企业协会、米兰温州商会、意大利北部华侨华人经贸总会等十余个意大利华侨华人社团的领袖及代表出席活动。

（《人民政协报》记者　李寅峰）

泰国：同步举行公祭活动

2022年是南京大屠杀惨案发生85周年。12月13日上午，泰国中国和平统一促进总会同仁共同观看南京大屠杀死难者国家公祭实况，同步举办悼念活动，向南京大屠杀死难者和所有惨遭日本侵略者杀戮的死难同胞寄托哀思，呼吁弘扬民族精神，倡导和平、友好、合作理念，牢记历史、珍爱和平、开创未来。

泰国中国和平统一促进总会会长王志民，执行会长吴炳林，常务副会长王林怡珠，副会长兼执行秘书长周昭耿，副会长王祥滨、杨莉、陈培桐，副秘书长张让源，常务理事姚建宾、张亚武，理事牛爱丽、陈启旭、陈文锦、胡芳兰、夏萌、杜明等参加了悼念活动。

曼谷时间2022年12月13日上午9时，泰国江苏青年总商会主席陈柱率商会同仁同步响应南京市侨联发起的"勿忘国耻　圆梦中华"海外侨团同步悼念南京大屠杀死难者公祭日活动。

海外华侨观看"人类的浩劫——1937南京大屠杀"史实展海报

商会参会领导有主席陈柱、名誉顾问金志远、常务副主席王军民、常务副主席孙从云、常务副主席兼秘书长徐晓春、常务副主席兼财务长蔡美玲、常务副主席岑永岳、常务副主席陈乐、副主席张亚辉、副秘书长张晓崧、理事王开理、理事张申尧、理事冯亮、秘书蔡春阳、秘书伏奥健等。

2014年2月27日,国家以立法形式将12月13日设立为南京大屠杀死难者国家公祭日,2022年是南京大屠杀惨案发生85周年,也是第九个南京大屠杀死难者国家公祭日。中共中央政治局常委、中央书记处书记蔡奇致辞时表示,中日邦交正常化50年以来,各领域交流合作成果丰硕,给两国人民带来重要福祉,也促进了地区和平发展和繁荣,中日双方应该以诚相待、以信相交,总结吸取历史经验,从战略高度把握好两国关系的大方向。

(综合中华全国归国华侨联合会官网、泰国江苏商会秘书处公众号)

第九个中国国家公祭日，
在缅侨胞同步悼念南京大屠杀死难同胞

2022年12月13日，南京市侨联、侵华日军南京大屠杀遇难同胞纪念馆与多国侨团联合举办了海外侨团同步悼念南京大屠杀死难者仪式。中缅经济合作发展促进会在仰光开展了"勿忘国耻 圆梦中华"海外侨团同步悼念南京大屠杀死难者活动。

部分中国在缅企业界人士和留学生代表、华侨华人、旅缅中国远征军后裔等约30人出席了仰光分会场公祭仪式。

当日早上8点，缅甸浙江总商会会长屠国定，缅甸"一带一路"商会会长郭兴禄，缅甸中国远征军后裔联谊会会长谢芳盛，缅甸福建总商会常务副会长梁建春，缅甸"一带一路"商会秘书长刘晓红，中缅经济合作发展促进会副会长、缅甸黎川建筑工程有限公司总经理关永成，王府酒楼总经理、缅甸湖南总商会朱卫东等各商会代表，部分在缅中国企业代表，华侨华人等30余人在中缅经济合作发展促进会仰光总部会议室参观了"人类的浩劫——1937南京大屠杀"史实图片展。

图片展通过展示1937年12月13日侵华日军侵占南京后烧杀淫掠的暴行，揭示了这段人类文明史上的浩劫，回顾历史、揭示真相，传递祈愿和平的理念。

随后，分会场视频连线国家公祭日现场，在鸣笛声中回首这座城市最惨痛的历史。缅怀在抗战中献身的革命烈士，为在那场震惊世界的惨案中逝去的同胞默哀。随着国旗缓缓升起，大家唱响国歌。在南京市侨联毛银灵书记的领诵下，海外多个分会场侨团共同宣读《和平宣言》。接下来，在李福泉会长的引领下，大家点燃了手中的蜡烛，并伴随着《公祭献曲》缓缓而行，悼念死难同胞，祈愿世界和平、远离战争。

同步悼念活动结束后，大家都深有感触，表示和平的薪火代代相传才是对历史最好的尊重，也是对遇难同胞最好的告慰。这段历史警示我们要勿忘国耻，更要奋发图强、圆梦中华！

中缅经济合作发展促进会会长李福泉介绍："今天是第九个南京大屠杀死难者国家公祭日。2021年，中缅经济合作发展促进会在南京市侨联的倡议下作为缅甸分会场，同步举办了线上国家公祭活动，参与者都感触很深，我们回顾历史恰恰是珍爱和平，拒绝战争。我们今天同步南京市侨联举办的悼念南京大屠杀死难者仪式，是对抗战中牺牲的前辈的一种缅怀，也是对在那场灾难中逝去的30万同胞的一种悼念，更是时刻提醒我们要奋发图强，不让悲剧再次发生。"

（人民网记者　李秉新　摄）

中缅经济合作发展促进会重庆代表处首席代表、缅甸推广中心秘书长赵章傲表示："回顾战争是为了珍惜和平，铭记历史是为了奋力前行。每一位爱好和平的人都应把事实的真相传递给更多的人，让更多的人知道战争带来的巨大伤害，向世界上更多的人揭示真相，留存记忆。同时也是为了避免悲剧的再次发生，我们在海外的中国人有义务让世界了解中国，传递和平理念，传播中国善意。"

（综合人民网国际频道、缅甸《金凤凰中文报》）

安哥拉：安哥拉江苏总商会举办纪念南京大屠杀惨案发生85周年活动

2022年12月10日，为弘扬民族精神，倡导和平、友好、合作理念，营造牢记历史、珍爱和平、开创未来的氛围，安哥拉江苏总商会举办了纪念南京大屠杀惨案发生85周年活动。

本次纪念活动由安哥拉江苏总商会会长沈永忠委托执行会长陈小军主导筹划，参与会议的有商会执行会长陈小军、贺广来，常务副会长刘涯林、张安平、周小玲、汤军，副秘书长沈耀，理事王茂冬等近20位商会成员，大家共同悼念和缅怀逝去的同胞。

会上，商会执行会长陈小军带领大家参观了"人类的浩劫——1937南京大屠杀"史实展，本次展览希望通过展示1937年12月13日日军侵占南京后烧杀淫掠的暴行，客观阐述这次人类文明史上的浩劫，呼吁人们不忘历史、反对侵略、捍卫人权。

参观完毕，全体人员向南京大屠杀死难同胞默哀3分钟。默哀毕，秘书黄龙向大家宣读《和平宣言》。

在随后的座谈会上，执行会长陈小军表示："从前觉得南京大屠杀离我们很远，今天在会场看到这么多史实和资料，我深深感到战争的残酷，我们现如今的和平生活是多么来之不易，特别是我们现在能有这么好的机会来非洲经商，也是依靠着背后强大的祖国，所以我们要铭记历史，不让历史重演，为国家的富强贡献自己的力量！"

商会执行会长贺广来表示，几年前，他去过一次侵华日军南京大屠杀遇难同胞纪念馆，各种残忍的景象至今历历在目，唯愿世界和平，不再有战争！

商会常务副会长刘涯林表示："参加这次活动让我对南京大屠杀这段历史加深了认识，这段历史是国殇，是耻辱，更是对我们青年人的警醒，我们一定要铭记历史，珍爱这来之不易的和平。"

商会常务副会长张安平说："让我们牢记国耻，放下仇恨，祈愿世界和平，永无战争。"

商会常务副会长周小玲表示要珍爱和平，铭记历史！

商会会员代表邹总说："今天一进入会场，看到这些图片，我就感到非常震惊、非常难受，今天商会组织这次活动，不仅是为我们在座的人，还为了其他千千万万的中国人，这些图片时刻提醒大家，这是一段不可忘记的历史。"

商会理事代表王茂冬说："通过今天这个活动，我才发现自己对曾经发生的历史事件了解还不够透彻，85年前发生的国难，大家是不能忘记的。虽然我们生长在和平年代，但也一定不能忘记历史，要做好自己的本职工作，用自己的行动去报效祖国，也希望我们的祖国越来越强大。"

商会常务副会长汤军表示："牢记历史，不忘国耻，南京大屠杀是世界公认的事实，我辈当自强，只有国家强大了，这样的人间悲剧才不会重演。"

会上，其他成员踊跃发言，纷纷表示国家公祭既是对死难同胞的安抚，也是对犯罪者的警示，更是告诫海外侨胞，保持清醒，不能忘却历史、忘却苦难。

两位参会的安哥拉友人表示，在此次活动之前，他们从不知道南京大屠杀，参观了"人类的浩劫——1937南京大屠杀"史实展后，他们发出了"南京大屠杀是一段可怕的历史""愿逝者安息，愿世界和平"等感叹。

1937年12月13日，侵华日军在南京开始实施惨绝人寰的大屠杀，30多万人惨遭杀戮，制造了震惊中外的南京大屠杀惨案。2014年2月27日，十二届全国人大常委会第七次会议通过决定，将12月13日设为南京大屠杀死难者国家公祭日。

2014年12月13日，党和国家主要领导人出席首个国家公祭仪式。习近平总书记在公祭仪式上讲道：南京大屠杀惨案铁证如山、不容篡改。

如今，战争的硝烟已经散去，但我们的子孙不能忘记我们的国家曾经遭受的屈辱。我们应该勿忘国耻，但一定不要困于仇恨，生活在没有战争、没有硝烟的天空下，过着幸福的生活，我们更要珍惜来之不易的和平，这才是对已经逝去的前辈们最好的告慰和纪念。

（旅安华侨在线文化公众号）

尼泊尔：同步悼念南京大屠杀死难者

2022年12月13日，身在尼泊尔的海外华人华侨在住在国同步举办了"勿忘国耻 圆梦中华"悼念南京大屠杀死难者活动，当地民众参与到活动中。大家在悼念活动中起立，集体宣读《和平宣言》。

孟加拉国：同步悼念南京大屠杀死难者

2022年12月13日，孟加拉国华人华侨在住在国同步举办南京大屠杀死难者悼念活动，并举办了"人类的浩劫——1937南京大屠杀"史实展。

海外华人华侨举行公祭活动

2022年12月13日，海外华人华侨在全球各地同步举行国家公祭日活动，悼念南京大屠杀死难者，呼吁人们不忘历史、珍爱和平。

泰国江苏青年总商会组织曼谷华人华侨举行第九个南京大屠杀死难者国家公祭日和平集会。当地时间上午9时，活动会场庄严肃穆，参加祭奠仪式的在泰华人华侨齐唱中华人民共和国国歌，向南京大屠杀死难者默哀3分钟，并与海内外其他分会场连线共同诵读《和平宣言》。

泰国江苏青年总商会主席陈柱表示："我们作为旅泰华人特地组织大家举行祭奠活动，希望借此机会表明我们旅泰同胞维护国家主权和领土完整、维护世界和平的坚定立场。作为年轻人更应珍视当下、不忘过去、珍爱和平，携手为国家做出贡献。"

祭奠活动现场还举办了"人类的浩劫——1937南京大屠杀"史实展，通过展示1937年12月13日日军侵占南京后烧杀淫掠的暴行，客观阐述人类文明史上的这场浩劫，呼吁人们不忘历史、反对侵略、捍卫人权。

中国缅甸经济合作发展促进会响应南京市侨联倡议，部分中资企业和华侨华人代表12月13日在缅甸仰光举行"勿忘国耻 圆梦中华"海外侨团同步悼念南京大屠杀死难者活动。

当地时间上午8时，与会人员有序入场，参观"人类的浩劫——1937南京大屠杀"史实展。8时30分，与会人员全体肃立，同唱中华人民共和国国歌。国歌唱毕，全场肃立，向南京大屠杀死难者默哀，之后宣读《和平宣言》。随后，在《公祭献曲》的旋律中，与会人员手托点燃的蜡烛，围桌缓步行进，悼念30万遇难同胞，祈祷世界和平。

中国缅甸经济合作发展促进会会长李福泉表示，海外华人华侨应凝聚团结奋进的力量，正视战争的罪恶，向世界传递中华民族热爱和平的声音，传播南京大屠杀的历史真相。

（《光明日报》综合曼谷、仰光12月13日电 记者 王思成、陈晓阳）

Overseas Chinese pray for peace to mark 85th anniversary of Nanjing Massacre

A prayer for peace was held in Nanjing on December 7 as part of activities to commemorate the 85th anniversary of the Nanjing Massacre and spread the truth of history.

The meeting showed the documentary film "Remembering History and Loving Peace", which highlighted the efforts by oversea Chinese since 1980s to tell the truth of the massacre and also advocate peace and justice across the world. Representatives of overseas Chinese, young people and those working in news media shared their experiences and ideas during a webinar.

(CFP Photo)

Thirty-eight Homes of Oversea Chinese based in 35 countries jointly announced a declaration to pray for peace. Representatives of overseas Chinese from the United States, Germany, Tanzania, the Philippines, Australia, and other countries and regions joined online to express their support for peace.

The peace message has been shared for more than 100,000 times online by people in more than 100 countries since December 3. This online program will continue until the national memorial ceremony for Nanjing Massacre victims on December 13.

（JiangsuNow 英文频道）

国家公祭

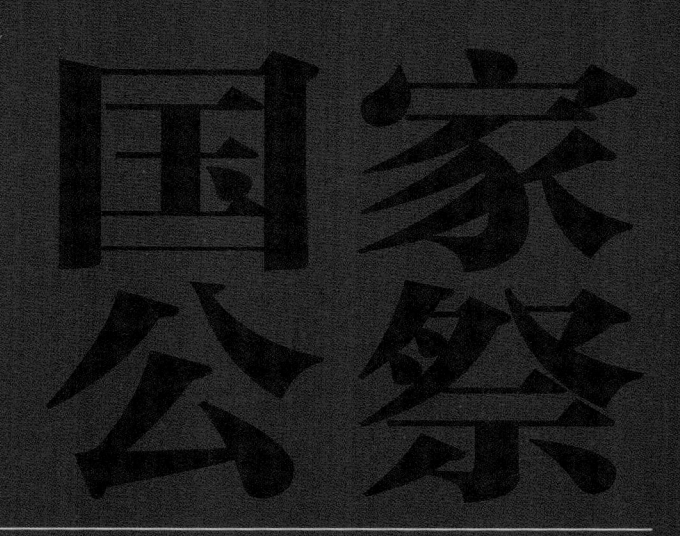

第三部分
祀我国殇
——勿忘国耻 圆梦中华

解读南京大屠杀死难者国家公祭日
资料集⑩

第九个国家公祭日前后，江苏将举行18项纪念活动

2022年是南京大屠杀惨案发生85周年。记者11月24日从江苏省委宣传部召开的新闻通气会上获悉，12月13日前后，江苏将组织开展以"勿忘国耻　圆梦中华"为主题的18项活动。

12月13日上午10时，我国将在侵华日军南京大屠杀遇难同胞纪念馆集会广场举行国家公祭仪式。

公祭日前后，江苏省有关部门将组织死难者遗属家庭祭告、南京大屠杀幸存者走访慰问、《南京市国家公祭保障条例》普法宣传等一系列活动。

公祭日当天，除了举行国家公祭仪式，还安排了6项悼念纪念活动：一是举行升国旗、下半旗仪式；二是南京市各区同步举行悼念活动；三是全国抗战主题纪念（博物）馆同步举行悼念活动；四是组织海外同步悼念活动；五是组织"世界和平法会"；六是举办烛光祭活动。

今年国家公祭日系列活动有三个特点。一是突出和平主题，例如在南京地铁站内设置"和平许愿墙"，举行"和平颂"音乐诗会，开展"和平之夜"接力诵读活动等。二是线上线下互动，例如在"和平之夜"接力诵读活动中，85名南京高校学生代表将线下接力诵读，同时开放"和平之声　云上共读"入口邀请网友参与。三是海内外同步悼念，公祭日当天将在70多个国家和地区组织公祭分会场。

此外，一批文艺作品将集中推出，包括《南京大屠杀国际安全区研究》《南京保卫战·日方资料》《侵害与交涉：日军南京暴行中的第三国权益》《南京大屠杀史（西班牙语版）》等新书，以及音乐会《火祭——南京1937》、话剧《沦陷》等。

（新华社南京11月24日电）

揭秘首批南京大屠杀历史记忆传承人

第九个国家公祭仪式上将出现一群特殊的"嘉宾",他们是南京大屠杀历史记忆传承人。2022年8月,首批共13名南京大屠杀历史记忆传承人获得认证,这标志着幸存者后代正式接过传承历史记忆、传播历史真相的接力棒。

他们的身份有何特殊性?将如何履职?又有哪些心愿?新华社记者进行了采访。

来自10个家庭,年龄最小者12周岁

首批南京大屠杀历史记忆传承人共13名,他们是葛凤亮、黄兴华、黄睿、夏媛、李玉瀚、李真铭、常小梅、刘榴、马雯倩、徐宏、夏天行、王莲、阮红燕,来自10个幸存者家庭。

据了解,他们多是南京大屠杀幸存者家庭的二代、三代,也有部分第四代加入,既有父子搭档、母子搭档,也有夫妻搭档。

夏媛和儿子李玉瀚来自幸存者夏淑琴的家庭。夏媛告诉记者:"我从小听着外婆讲的故事长大,如今外婆年纪越来越大了,耳朵也听不清了,眼睛也看不清了,她说希望我可以代替她去作证,让更多人知道当年侵华日军犯下的罪行。"

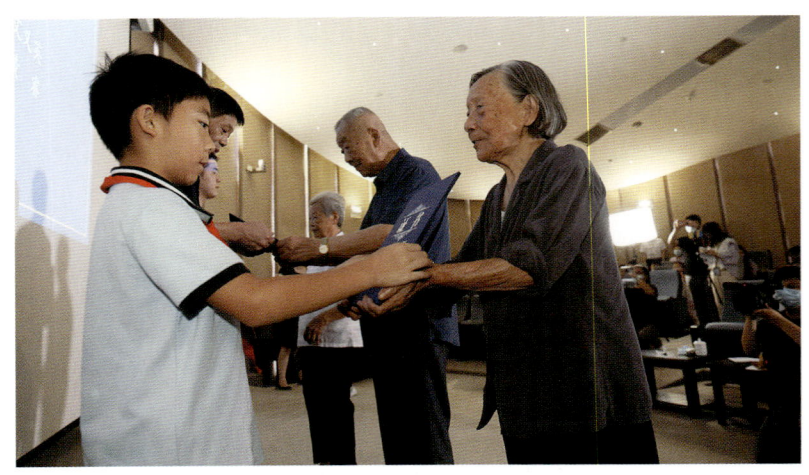

2022年8月15日,南京大屠杀幸存者夏淑琴向曾外孙李玉瀚颁发南京大屠杀历史记忆传承人证书

李玉瀚刚满 12 周岁，虽然年龄是传承人中最小的，但已经在侵华日军南京大屠杀遇难同胞纪念馆当了好几年小小讲解员。夏媛说："幼儿园大班的时候，我就带他参加家祭。上小学之后，他就主动去纪念馆做小小讲解员。别看他年龄不大，但他知道心疼太婆，也理解历史传承的责任。"

传承历史，传播真相，传递信念

2014 年，侵华日军南京大屠杀遇难同胞纪念馆开展了南京大屠杀死难者遗属登记工作。2022 年，认证了首批南京大屠杀历史记忆传承人。相比遗属身份，传承人相当于传承历史记忆的主力军，对使命的认识更深入，履职的方式也更丰富。

2022 年 4 月，100 岁的幸存者王恒离世。早在 2011 年，他就在孙女王莲的帮助下开通了网络账号，讲述自己经历的战争。"爷爷口述，我编辑。我告诉他开通不到 5 天就有近 3000 名粉丝，他听了特别高兴。"

常小梅则选择将父亲的一生记录下来，她陆续出版了《南京大屠杀幸存者常志强的生活史》中、日、英文版。书中，她以细腻的笔触还原了一个九岁战争孤儿的真实人生，揭示战争给普通人带来的深远影响。

"我们这一家人，对'失去'有着特别深的体会，也因此对幸福格外珍惜。"常小梅表示，把这些点滴记录下来，能让更多人了解并记住这段历史，她希望把这种"虽伤痛却坚韧"的信念传递给更多人。

幸存者王素明的女儿徐宏和女婿夏天行是一对夫妻传承人。国家公祭日前夕，夏天行开始重读张纯如的《The Rape of Nanking》。他说："女儿在国外生活，我希望自己能够用英语把这段历史真相说清楚、讲明白，向外国朋友、华侨华人讲述这段历史。"

愿他们夙愿得偿，余生心安

1937 年，葛道荣的叔父和 2 位舅舅惨遭日军杀害，年仅 10 岁的他逃进安全区却被日本兵用刺刀刺伤右腿。95 岁的葛道荣晚年仍有执念，他参加各类宣讲、座谈等超过 150 场，还写下近 10 万字，记录自己在南京那段至暗时刻的惨痛经历，取名《铭记历史》，家中子孙人手一份。

"父亲总是强调家中子孙必须牢牢铭记历史，不能遗忘。但我懂他，他最大的心愿是有生之年还能等到日本人的忏悔。"葛道荣的儿子葛凤亮说。

国之难者的暮年夙愿，就是等到加害方的真诚道歉。2021 年 10 月，99 岁的幸存者马秀英带着遗憾离去。马秀英的曾孙女马雯倩从大学时期就是侵华日军南京大屠杀遇难同胞纪念馆的志愿讲解员。"祖奶奶生前说过，'只要活着就一直作证'。我将继承她的遗志，把这段历史传递下去，这也是对她最好的告慰。"她说。

"历史与信念的传承，其实就是靠一个个家庭身体力行做出来的。"纪念馆负责人说，未来这支传承人队伍还将进一步扩容，历史的见证者终将离开，但正义与和平不会凋谢。

（新华社）

展出多件珍贵实物，讲述"不能忘却的纪念"，张纯如图片展在南京开幕

为铭记历史、不忘国耻，纪念美国华裔青年张纯如女士彰显历史正义的行动，2022年11月23日，由江苏省侨联主办，淮安市侨联、张纯如纪念馆共同承办的"不能忘却的纪念"张纯如图片展在江苏省美术馆拉开帷幕。部分在宁海外华人华侨、归侨侨眷和侨联工作者代表参加了开幕式。

展览以"不能忘却的纪念"为情感纽带设计布局，展陈分为6个板块。大洋彼岸的父母之邦：讲述张氏家族与淮阴的历史渊源；海外赤子的中国情结：回顾张纯如勤奋刻苦、学有所成的学生时代和孜孜以求的寻根情结；直面《南京大屠杀》真相：揭露侵华日军南京大屠杀暴行，展示张纯如发现《拉贝日记》等关键史料对揭露日军暴行的特殊贡献；激情燃烧的历史捍卫者：展示张纯如在北美各地演讲、辩论，为维护人类正义做出的努力；不能停止的求索之旅：展示其创作《蚕丝：钱学森传》等作品，体现其根在中华的赤子之心；光照人间的正义天使：表现海内外对张纯如短暂而光辉一生的高度评价，对其英年早逝的深切缅怀。

此外，还展出了张纯如的衣服、鞋子、使用过的打印机，多伦多史维会授予张纯如的维护和平正义奖等珍贵实物。

江苏省侨联主席、党组书记刘标表示，南京大屠杀是日本侵略军一手制造的骇人听闻的血腥惨案。为了揭露历史真相，祖籍江苏淮安的美国华裔青年张纯如通过演讲、采访、辩论等方式，把真相传播给世界，与欺骗者、否认者展开一场没有硝烟的战争，张纯如3年走进了中国和美国的140多所大学，揭露日军暴行，并出版了《南京浩劫——被遗忘的大屠杀》一书，为南京大屠杀真相正本清源，体现了中华儿女不忘屈辱历史、爱好世界和平的民族精神。

淮安市张纯如纪念馆馆长何睿说："每一个人都是薪火传递者，我觉得张纯如是精神纽带，联系着海外的华人华侨，增加了海外中华儿女的精神认同感。"

（《扬子晚报》紫牛新闻记者　张楠）

南京大屠杀死难者家祭活动举行，目前登记在册在世的幸存者仅剩 55 位

2022 年 11 月 25 日上午，在第九个南京大屠杀死难者国家公祭日来临之际，侵华日军南京大屠杀遇难同胞纪念馆在遇难者名单墙前举行了 2022 年南京大屠杀死难者家庭祭告活动。南京大屠杀幸存者艾义英、马庭宝、阮定东，首批南京大屠杀历史记忆传承人夏天行、李真铭、常小梅在南京集体发声，讲述历史，祈愿和平。截至目前，登记在册在世的南京大屠杀幸存者仅剩 55 位，平均年龄超过 92 岁。

南京大屠杀幸存者

失去亲人和家，他们忍痛讲述 1937 记忆

1937 年 12 月，日军侵犯南京城。艾义英时年 9 岁，家住南京江宁许巷村。家里有最疼爱她的爸爸艾仁银、妈妈艾曹氏，还有弟弟妹妹。妈妈挺着大肚子即将临产。原本平静的生

幸存者艾义英（《现代快报》记者 刘畅 摄）

南京大屠杀幸存者马庭宝寻找"哭墙"上亲人的姓名（新华社记者 蒋芳 摄）

活在1天之内被打破。她的爸爸、2个叔叔、1个堂哥，还有姑爹父子共计6人被侵华日军杀害。艾家剩下的都是女眷，被迫成了满门"艾家寡妇"。她说："后来妈妈带着家人去了江南水泥厂难民营，就用竹子搭了棚子过日子。"时隔85年，94岁的艾义英回忆往事时，依旧红了眼眶。

"妈妈为了保护我，只能把头发剪得不像样子，把黑灰抹到脸上，这样日本人就不找她了。"关于这段历史的记忆，86岁的马庭宝多是听家人转述的，他的父亲、大姑父、二姑父都被侵华日军残忍杀害。"从小没有享受到父爱，日子过得很苦。"

阮定东出生于1937年，几乎没有对这段历史的记忆，这段历史他都是从家人口中知道的。"是爷爷用生命保护了我。"阮定东告诉记者，1937年冬，侵华日军攻入南京城，爷爷抱着他逃难。途中，爷爷被侵华日军刺伤大腿、腹部，鲜血直流。不久后，爷爷就去世了。阮定东说，这段经历，他一辈子刻骨铭心。

带全家四代共二十二人参与家祭，多次到南京燕子矶江边重走逃难之路，派孙子阮杰出席和平集会……已是耄耋之年的阮定东并未停下脚步，他还在等待着日本承认这段历史。

南京大屠杀历史记忆传承人
用口述的力量，把记忆的种子一代代传承下去

随着时间的流逝，南京大屠杀幸存者逐渐老去。与此同时，越来越多的幸存者后代，接过接力棒，继续讲述历史，守护真相。今年，首批13名南京大屠杀历史记忆传承人持证上岗，肩负起传播南京大屠杀这段历史的责任。

"父亲一直是包裹内心的状态，不愿揭开这个伤疤，当看到日本右翼否认南京大屠杀的事实时，他便要站出来证实，从此走上了讲述的路。"南京大屠杀历史记忆传承人常小梅是常志强的小女儿，在陪伴父亲讲述的过程中，她逐渐了解到父亲梦魇般痛苦的童年回忆，触碰到他曾经紧紧封闭着的内心。

侵华日军南京大屠杀遇难同胞纪念馆广场上，有座雕塑引人注目，婴儿趴在死去的母亲身上吮吸最后一滴奶，坐在旁边的男孩号啕大哭……这座名为《最后一滴奶》的雕塑，是以南京大屠杀幸存者常志强的故事为原型创作的。

"记忆的种子会一代一代地传承下去。"如今，常小梅也握住了接力棒，为了让更多人了解这段历史，她写作并出版了《南京大屠杀幸存者常志强的生活史》，这也是首部记录南京大屠杀幸存者生活史的作品。"我希望人们对南京大屠杀幸存者的痛苦有更深刻的了解，能够珍爱和平，远离战争。"

67岁的李真铭也在今年成为历史记忆传承人，"我的父亲李高山是南京保卫战的一名抗战老兵，也是南京大屠杀幸存者之一。"1937年12月13日，日军攻陷南京后，对守护挹江门的官兵进行了惨无人道的集体大屠杀，李高山死里逃生后，将自己的经历作为证言向世人讲述。父亲去世后，李真铭加入了侵华日军南京大屠杀遇难同胞纪念馆紫金草学雷锋志愿服务队，将这段历史继续讲述下去。李真铭说，讲述历史并不是要增加人们的仇恨，而是提醒人们不能忘却历史，更加珍视和平。

2022年3月，南京大屠杀幸存者照片墙上，王素明的照片变暗了。"南京大屠杀不仅是我们的家族记忆，也是全世界都应该知道的历史真相。"南京大屠杀幸存者王素明的女婿夏天行作为历史记忆传承人，经常在外国朋友的聚会上讲述南京大屠杀的历史真相，"千万不要忘记南京大屠杀这段历史"。

(《现代快报》记者　徐梦云、史童歌)

不能缺席的纪念

"爷爷,我带着老伴、儿子,又来看你了。"站在侵华日军南京大屠杀遇难同胞纪念馆的南京大屠杀遇难者名单墙前,满头银丝的南京大屠杀幸存者阮定东将一枝白菊举高,指向爷爷阮家田的名字。

11月25日,2022年南京大屠杀死难者家庭祭告活动在侵华日军南京大屠杀遇难同胞纪念馆举行。

这一天对86岁高龄的阮定东很重要。虽然路途遥远,但他依然坚持参加。每年能一起参加家祭的幸存者越来越少。"只要我还能动,就不能缺席。"

阳光照射在厚重的名单墙上。上面密密麻麻镌刻着10665名南京大屠杀死难者的姓名。灰色的墙面大量留白,名单还在不断增补。

2022年南京大屠杀死难者家庭祭告活动现场(中新社记者 泱波 摄)

黄白菊花将"奠"字围在祭台中央。阮定东等几位幸存者在家人的搀扶下上前献花，双手合十，三鞠躬。

"是爷爷用生命保护了我。"阮定东告诉中新社记者，1937年冬，侵华日军攻入南京城，是爷爷抱着他逃难。途中，爷爷被日军刺伤大腿、腹部，鲜血直流。

"当时爷爷忍着剧痛，紧抱着我拼命爬上一条小船。过了长江后，他实在支撑不住倒在江边，不久就去世了，年仅47岁。"老人说，这段经历，他一辈子刻骨铭心。

带全家四代共二十二人参与家祭，多次到南京燕子矶江边重走逃难之路，派孙子阮杰出席和平集会……已是耄耋之年的阮定东并未停下脚步，他心中认定：史实不容歪曲，正义不会迟到，传承不会缺席。

"登记在册在世的南京大屠杀幸存者仅剩55位，平均年龄已超过92岁。"南京侵华日军受害者援助协会当天公布了幸存者的现状。

南京大屠杀幸存者艾义英的儿子黄兴华作为首批南京大屠杀历史记忆传承人参加家祭活动。2014年，艾义英曾赴日本参加证言集会，向日本民众揭露侵华日军南京大屠杀的暴行。

"母亲的6位亲人在大屠杀中被日军杀害，我和母亲生活在不同的时代背景下。在和平年代，作为幸存者后人，肩上的责任更重。我们要让南京大屠杀这段家族的记忆、民族的记忆、世界的记忆代代传承下去。"黄兴华说。

（中新社南京11月25日电　记者　朱晓颖）

跨越 85 年时空的对话：证人不老，传承有声

2022 年是南京大屠杀惨案发生 85 周年。1937 年，侵华日军制造的南京大屠杀惨案，是人类历史上的黑暗一页，写满了南京之殇、中国之殇、世界之殇。如何坚守可贵的和平？第九个国家公祭日前夕，他们在这里跨越时空，缅怀历史，守望和平。

南京大屠杀幸存者夏淑琴（右一）、葛道荣（右二）、艾义英（右三）向南京大屠杀幸存者后代代表颁发南京大屠杀历史记忆传承人证书（中新社记者 泱波 摄）

李真铭

"父亲（李高山）已过世，我代替他传承这段历史，不是让人记住仇恨，而是激励后人为世界和平出一份力。"

侵华日军南京大屠杀遇难同胞纪念馆有过这样的一段对话。一位侵华日军士兵的儿子，

李高山（左）、李真铭（右）（中新社记者 泱波 摄）

前来代父谢罪。南京保卫战老兵、南京大屠杀幸存者李高山，向他讲述了其目睹侵华日军屠城暴行、两次从屠杀中死里逃生的经历。随后，这位日本老兵的后人问："如果我父亲能到这里来，你对他持什么态度？"思索片刻，李高山之子李真铭回答："你父亲也是日本军国主义的受害者。如果他来，说明他现在是有正义感的人，是愧疚于当年侵华暴行的，我能原谅他。"

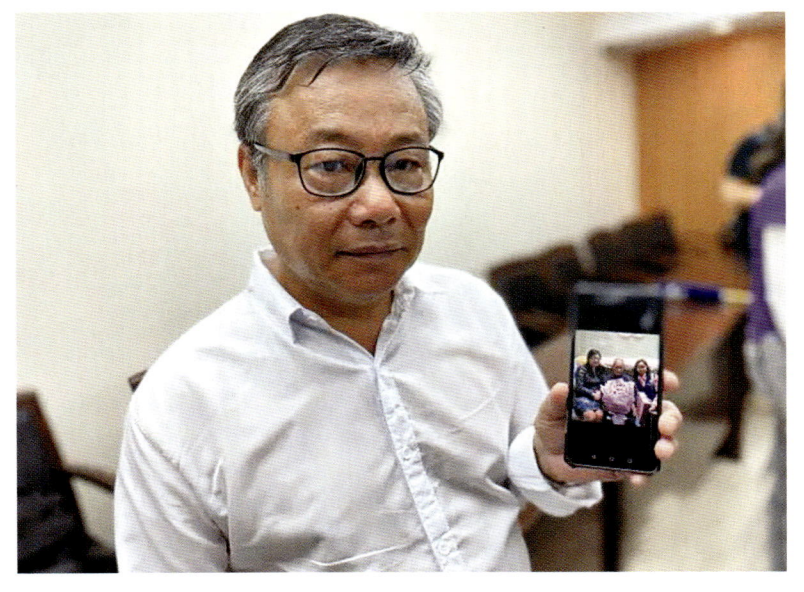

李真铭继承父亲遗志，成为一名传递和平之声的紫金草志愿者（中新社记者 泱波 摄）

国家公祭
解读南京大屠杀死难者国家公祭日资料集 ⑩

1937年12月，年仅13岁的李高山参加了南京保卫战。他所在的连被分配镇守挹江门城楼。

1937年12月13日，侵华日军对挹江门形成包围。缴械被俘后，李高山和其他中国士兵被日军押至洋房内，遭到日军机枪扫射。因为个子矮小，李高山被前面的人挡住，侥幸躲过日军的屠杀。当时，他踩着尸体跑到了二楼，日军浇汽油放火焚烧遇难者遗体，烈火浓烟直冲楼上，他从阳台逃生。

其后，李高山一行六人躲到一栋楼房的楼顶，但被日本兵发现，六人被用绳子反绑，押至水池边集体杀戮。小个头的李高山站在最后，枪一响他就往回跑，躲到一户人家的床底侥幸生还。

2018年，李真铭参加纪念馆紫金草志愿服务队，为参观者、中小学生做志愿讲解。在馆中，他讲得最多的是"和平来之不易"。父亲过世后，李真铭深刻感受到，作为讲述者的责任更重了。

阮定东

"我们这些幸存者为南京大屠杀的历史作证，希望能够提醒人们，以史为鉴，珍惜和平。"

1937年12月日军进犯南京时，阮定东的爷爷阮家田的住房被日本飞机炸毁，全家6人逃向江北老家。爷爷抱着他走得慢，没能和全家一道上船。"逃到燕子矶江边时，爷爷为了保护怀中的我，被日本兵刺成重伤。之后，他被找来的家人抬回六合家中，3天后就去世了，年仅47岁。"

阮定东与儿子（中新社记者 泱波 摄）

阮定东在侵华日军南京大屠杀遇难同胞纪念馆南京大屠杀遇难者名单墙前（中新社记者　泱波　摄）

这段过往，成了老人一生的痛。他下定决心把爷爷的经历告诉更多的人。他到纪念馆，讲述了家族在1937年日军屠城时的遭遇。孙子阮杰大学毕业后，加入纪念馆紫金草志愿服务队，向国内外参观者讲述家族的经历。多次到江边重走逃难之路，派孙子出席和平集会……已是耄耋之年的阮定东并未停下脚步，他坚信：史实不容歪曲，正义不会迟到，传承不会缺席。

夏天行

"今后，我们也会在海外以幸存者家属的身份，向外国朋友、华人华侨讲述这段历史，让更多人了解南京大屠杀的真相，向世界传递和平之声。"

王素明（左）、夏天行（右）（中新社记者　泱波　摄）

国家公祭
解读南京大屠杀死难者国家公祭日资料集 ⑩

2022年8月15日,首批13名南京大屠杀历史记忆传承人正式上岗。夏天行就是其中之一。他在纪念馆志愿服务,向海内外参观者讲述岳母王素明的经历。

王素明原本姓杨。1937年冬,侵华日军攻占南京城时,王素明的父亲在南京尧化门一带教书,被日军以"破坏分子"的罪名抓走,不久被杀害。后来,母亲因无力养活儿女,将膝下四个孩子都送给别家领养。她被一户王姓人家收养,从此改名王素明。

虽然王素明的童年是一段黑暗的时光,但她一生热心公益事业。退休后,王素明在社区志愿服务了20多年。她曾是南京市秦淮区年纪最大的南京青奥会志愿者,被亲切地唤作"青柠奶奶"。2022年3月23日,老人离开人世,享年87岁。

王素明参加南京大屠杀死难者遗属家祭活动启动仪式(中新社记者 泱波 摄)

夏天行自学英语,时常向外国友人提及这段历史。"学好外语,可以让更多人了解南京大屠杀,把这段历史说清楚、讲明白。"

常小梅

"作为幸存者的后代,我有义务传承这段家庭记忆,记录那场反人类的战争给中华民族带来的耻辱和伤痛。作为中华儿女,我更有义务传承这段民族记忆……更希望唤起更多的人,不因时间久远而遗忘那段历史,牢记曾经的耻辱和苦难,担负起建设国家的重任。"

纪念馆入口处的群雕中,有这样一组雕塑:胸口被刺的母亲,挣扎着给幼儿喂了最后一口奶后死去。

在侵华日军南京大屠杀遇难同胞纪念馆《最后一滴奶》雕塑作品前，常志强陷入回忆（常小梅供图）

这组雕塑就是以常小梅父亲、南京大屠杀幸存者常志强一家的悲惨遭遇为原型创作的。

常小梅介绍："1937年12月13日，南京沦陷，我们家厄运降临。一个日本兵端着刺刀，一刀戳向我祖母的胸口，顿时鲜血如注。我父亲最小的弟弟被摔到了地上，哇哇大叫，日本兵拿起刺刀，对着他就是一刺刀，挑起来，抛出去几尺远。又无情地捅刺其他三个年幼的孩子。"

"当父亲把他的小弟弟抱到我祖母面前时，祖母挣扎着要给最小的孩子再吃口奶。此时，祖母已不能说话，渐渐地垂下了头。那年，父亲只有9岁。"常小梅说。

"每每看到那座雕像，我都难以抑制心中的悲痛。"2019年，常小梅将父亲的"微观史"整理成一本书，该书目前已出版发行中英日3个版本。

常小梅告诉中新网记者，很多内容都是她在晚上整理的。夜深人静时，她读到这些口述，眼泪止不住地往下流。"经常写不下去，心里的那种压抑和难受，很难用文字来表述。"

常小梅（左）、常志强（右）（常小梅供图）

马庭宝

"希望日本右翼能停止歪曲南京大屠杀史实，也希望后辈能牢记历史、珍爱和平。"

当父亲和舅舅等亲人被侵华日军扫射时，南京大屠杀幸存者马庭宝还是咿呀学语的 2 岁孩童。当时，马庭宝并不明白什么是战争，不懂什么是亲人的逝去，更不知道这对自己意味着什么。长大后，马庭宝渐渐明白，自己的命运与这段家事、城殇、国难紧紧相连。他用一生证明：在历史面前，每个人都不可置身事外。已是四世同堂的马庭宝决定，将南京大屠杀

南京大屠杀幸存者马庭宝和女儿马明兰（中新社记者 泱波 摄）

记忆传承的重任交到女儿马明兰、马明虹的手中，希望这段家族记忆，一代代传下去。

艾义英

"我希望，子子孙孙都要记住南京大屠杀给老百姓带来的苦难。但更重要的是告诉他们，要好好学习、努力工作，尽己所能为国家做贡献。"1937年12月13日，侵华日军在南京及周边地区，开始长达6周的血腥暴行。艾家虽贫苦但幸福的小日子戛然而止。艾义英的父亲艾仁银、2个叔叔艾仁炳和艾仁林、2个堂哥艾义生和艾义荣，以及姑爹父子俩都被日军抓走。

艾义英（右）参加南京大屠杀死难者家庭祭告活动（中新社记者 泱波 摄）

南京大屠杀幸存者艾义英和儿子黄兴华（中新社记者 泱波 摄）

国家公祭
解读南京大屠杀死难者
国家公祭日资料集 ⑩

南京小学生撞响和平大钟（中新社记者　泱波　摄）

"我记得当时我抱着爸爸的腿，说：'爸爸你不能走，你走了我怎么办。'爸爸转回身说：'乖，爸爸马上就回来。'这是爸爸跟我说的最后一句话。"7位被抓的亲人中，只有艾义英的堂哥艾义荣被救了回来，其他6人均被日军杀害。

战争的硝烟远去，亲历者随着岁月的流逝不断凋零。幸存者后代、南京大屠杀历史记忆传承人，正在成为传播真相的中坚力量。这些年，艾义英的儿子黄兴华一直陪伴母亲参加各种纪念活动、证言集会。"我经常到纪念馆来，为参观学习的青年学生，包括一些外地的游客，介绍这段历史，也把我母亲的惨痛经历，讲给大家听。我希望自己的微薄之力，可以让更多人记住历史、珍惜和平、远离战争。"黄兴华说。当年浩劫中幸存下来的孩童，如今已是耄耋之年。时光催老了人们的容颜，但不会改变历史真相，不会消磨人们的勇气。

这段承载了家族伤痛、民族之殇的世界记忆，正代代传承，正义之声、和平之声历久弥坚。

（中新社记者　程励、唐娟、泱波、朱晓颖、申冉、钟升、杨颜慈、徐珊珊）

新增453件（套）重要文物史料，南京大屠杀再添新证

2022年11月30日，侵华日军南京大屠杀遇难同胞纪念馆举行2022年新征文物史料新闻发布会，包括侵华日军《阵中日志》、荣第1644部队照片等在内的共计453件（套）重要文物史料入藏纪念馆。

专家认为，2022年新征集文物史料包括照片、士兵日志、实物等种类，进一步确证了侵华日军暴行，拓宽了研究领域，深化了人们对日本军国主义侵略本质的认识，具有重要的史料和研究价值。

值得一提的是，日本友人大东仁先生今年再次于日本搜集了51件（套）珍贵文物史料，包括侵华日军士兵新井淳的《阵中日志》、侵华日军第九师团步兵第三十六联队第十一中队《阵中日志》、侵华日军荣第1644部队相关照片、"'南京陷落'儿童教育戏剧卡片"等。

"此次征集到荣第1644部队照片60余张，这填补了史料空白，并与1998年在南京发现的细菌试验受害者头颅等证物相互印证，有助于进一步深化和细化细菌战研究。"南京医科大学教授、南京大屠杀史研究学者孟国祥介绍，在南京的荣第1644部队和731部队同样臭名昭著，但这些细菌试验都是极隐秘的，后期日军又将相关资料销毁，因此荣第1644部队的实物资料极少，照片就更为少见了。

纪念馆文物部门负责人艾德林介绍，此次新征集到的侵华日军第九师团步兵第三十六联队第十一中队的《阵中日志》，与去年纪念馆征集到的一套《阵中日志》为同一部队在不同时间段、不同地点作战的档案记录，更全面地揭示了日军对中国的侵略事实。

从20世纪80年代建馆以来，侵华日军南京大屠杀遇难同胞纪念馆共收藏国家珍贵文物1216套6318件，其中一级文物166套384件，藏品来源包括出土挖掘、民间征集、社会捐赠等。

（新华社）

日本僧侣为南京大屠杀再添铁证：
证实南京"731部队"驻地细节

2022年11月30日，侵华日军南京大屠杀遇难同胞纪念馆发布一批新征文物史料情况。其中具有重要历史价值的是日本友人大东仁征集的数份档案资料，这些资料清晰展示了侵华日军荣第1644部队在南京驻地的细节，该部队因被证实在南京进行过大规模细菌战和毒气战试验而被称为南京"731部队"。

日军荣第1644部队的照片清晰展示了这支又名"多摩部队"的细菌战部队当时在南京的驻地（中新网记者 泱波 摄）

据馆方统计，截至2022年11月底，纪念馆今年新征集和入藏文物史料453件（套）。其中自日本征集而来的51件（套）文物史料，是由纪念馆友人大东仁今年在日本当地通过各种渠道收集而来，非常有历史价值和研究意义。

纪念馆文物部主任艾德林现场展示了其中几组重点档案资料，包括侵华日军士兵新井淳的《阵中日志》、侵华日军第九师团步兵第三十六联队第十一中队《阵中日志》、日军荣第1644部队相关照片、"'南京陷落'儿童教育戏剧卡片"等。

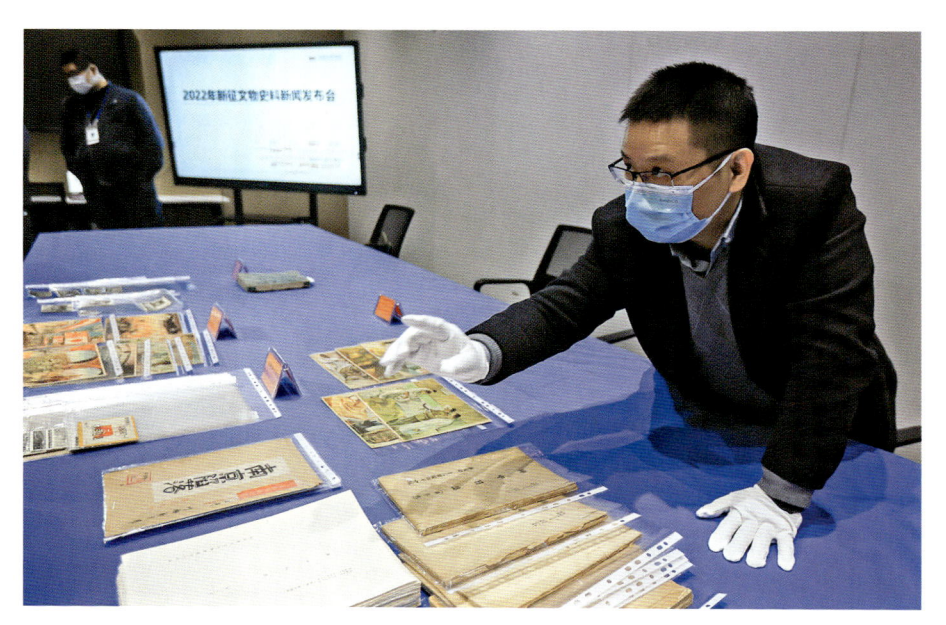

专家认为，这批文物史料有一部分以往未见，它们填补了历史空白，有重要历史价值和研究意义（中新网记者　泱波　摄）

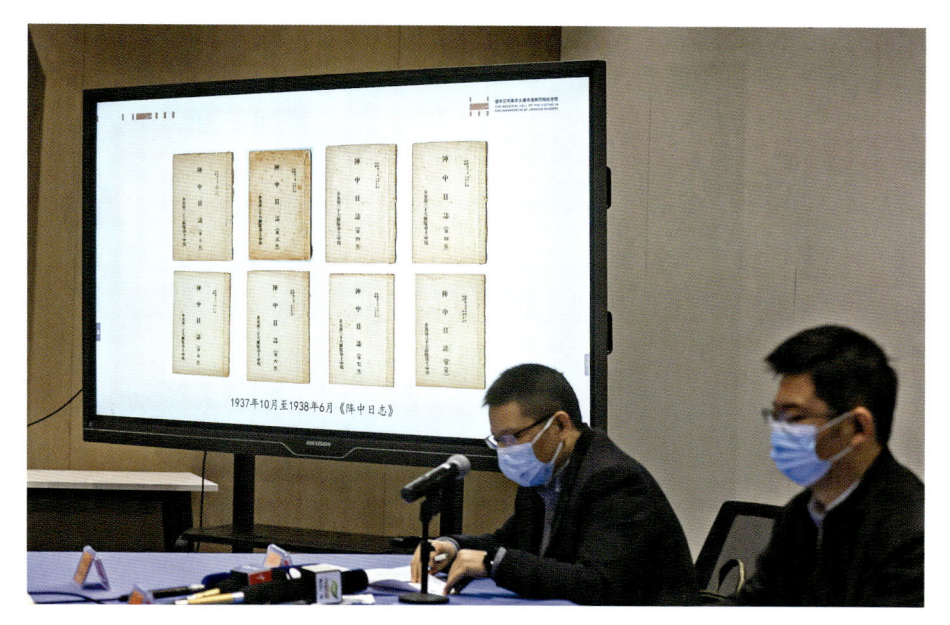

11月30日，侵华日军南京大屠杀遇难同胞纪念馆发布一批新征文物史料情况（中新网记者　泱波　摄）

数张关于日军荣第1644部队的照片，清晰展示了这支又名"多摩部队"的细菌战部队当时在南京的驻地——南京原"中央医院"（今东部战区总医院）旧址。根据史料，这里当年对外宣称是日军"华中防疫给水部"，实质是从事大规模细菌战与毒气战研究试验的机构，与侵华日军731部队同样臭名昭著。

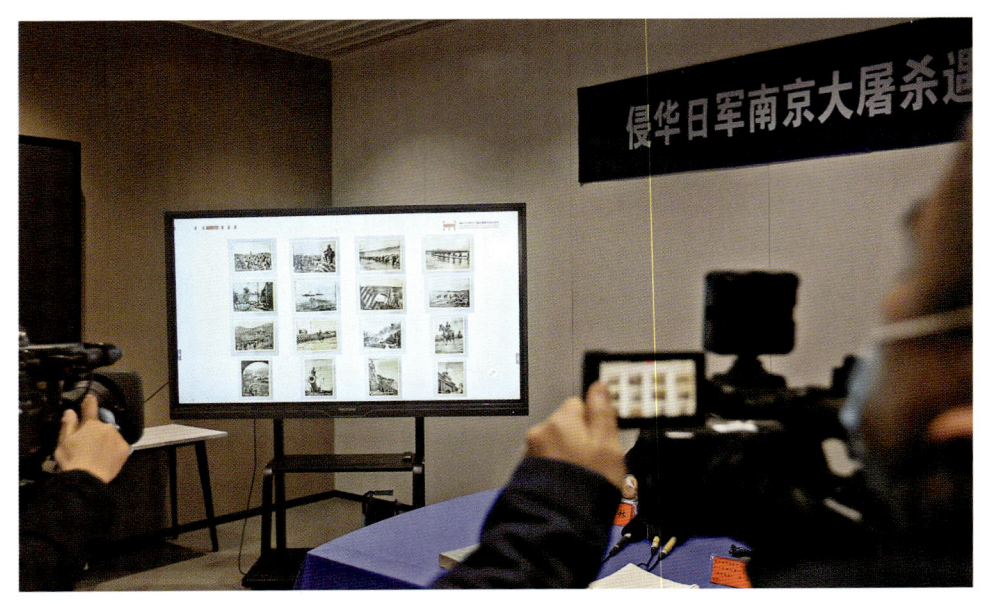

据不完全统计，近17年间，日本僧侣大东仁收集转交和无偿捐赠给南京的资料已超过4500份（中新网记者 泱波 摄）

"我们可以看到几名日军军官在驻地前的留影，'多摩部队'创立1周年演艺会的影像，以及最为重要的4张照片，拍下了该部队在南京举办类似'变装游行'活动的情形，画面中清楚地显示出'荣第1644部队'字样的标牌。"受纪念馆委托，参与新征文物史料研究鉴定工作的南京医科大学教授孟国祥告诉记者，"由于细菌战试验极其隐秘，后期日军又销毁了

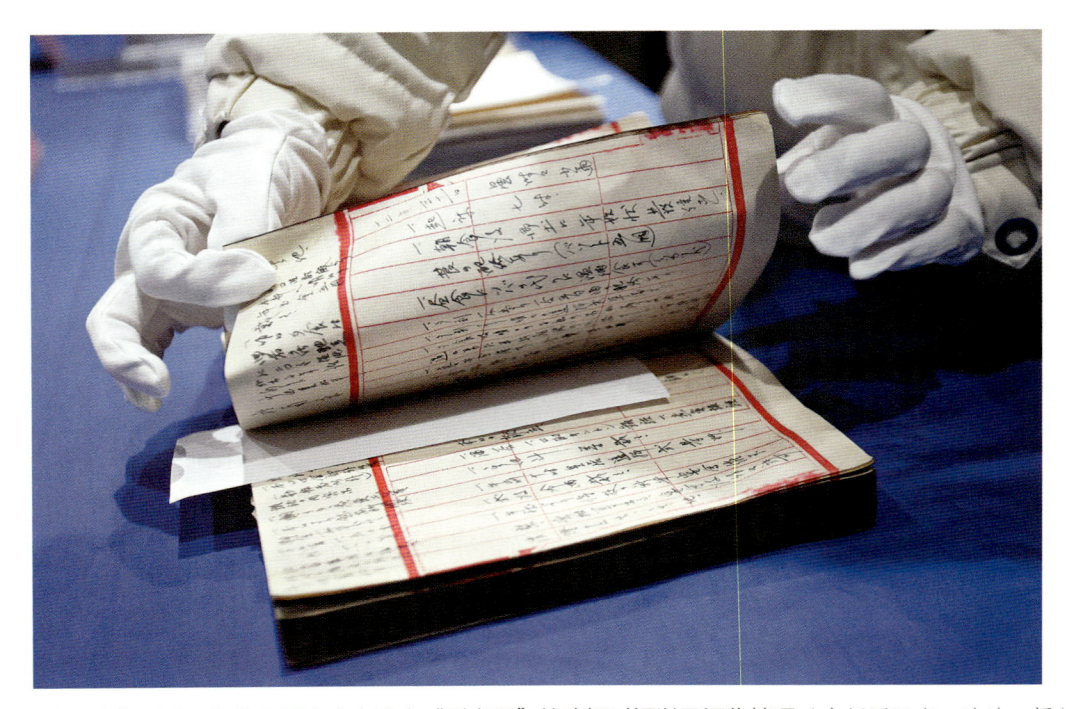

《阵中日志》反映了侵华日军在南京设立"慰安所"的确切时间以及运作情况（中新网记者 泱波 摄）

大部分资料，荣第1644部队的实物资料极少，照片就更为少见。这组照片为以往所未见，可以说是填补了这方面的空白，可以与1998年在南京发现的日军荣第1644部队细菌试验受害者头颅相互印证，让我们对这段历史的研究继续深化和细化。"

除此之外，新征集的侵华日军《阵中日志》中对南京"慰安所"的设立和运行有了更为详细的描述。例如侵华日军士兵新井淳在1938年1月1日这一天的日记中写道："从今天起，开设了'慰安所'。每个人30分钟，费用是下士官150钱（1.5日元），士兵100钱（1日元）。相当热闹，一直处于满员状态。"

这批历史照片清楚地显示出"荣第1644部队"字样的标牌（中新网记者　泱波　摄）

"'慰安妇'制度是日军大规模的性暴力犯罪，是对人道的践踏，对文明的亵渎，为国际社会所不齿，'慰安妇'问题已成为日本是否有足够的诚意和努力来回应战争的侵略性质和面向未来的试金石，这次发现的《阵中日志》等资料就是对这段历史的有力铁证之一。"孟国祥表示，"对南京'慰安所'的了解，主要依靠受害者的回忆、日方的一些档案文献以及日本研究者的成果，这本《阵中日志》反映了在南京设立'慰安所'的确切时间以及运作情况，这对我们认识日军在南京实施'慰安妇'制度是一个重要的信息补充。"

该批文物的捐赠者大东仁是一位日本佛教僧侣，自2005年起，近17年间，他收集转交和无偿捐赠给南京的资料已经超过4500份。

（中新网南京11月30日电　记者　申冉）

西班牙文版和哈萨克文版出版，
《南京大屠杀史》形成7个语种海外传播矩阵

2022年12月1日上午，"铭记历史 勇毅前行——2022年度系列新书发布会"在侵华日军南京大屠杀遇难同胞纪念馆举行。《南京大屠杀国际安全区研究》、《侵害与交涉：日军南京暴行中的第三国权益》、《南京大屠杀史》（哈萨克文、西班牙文）等8本新书与读者见面。

开展南京大屠杀史外译和海外发行，强化国际传播

发布会现场集中摆放了近5年来南京大屠杀研究的一系列外译出版物，其中有纪念馆牵头编写的《人类记忆：南京大屠杀实证》英文版和德文版。2022年，南京大学出版社推出了《南京大屠杀史》西班牙文版和哈萨克文版，加上之前出版的英文、希伯来文、波兰文、韩文、印地文，形成了7个语种的海外传播矩阵。其中，南京大学出版社联合国家记忆与国际和平研究院共同推出了《南京大屠杀史》的西班牙文版，德语版也在有序推进中。

2022年，纪念馆还与中国外文局合作，启动了外译丛书《二战记忆：南京大屠杀》的编辑出版工作，该丛书围绕南京大屠杀核心史料，重点将第三方的史料原文呈现给外国民众，相关工作正在稳步推进中。

纪念馆还加强与海外华人学者的合作，在国外出版外文版著作，并在国内出版相应的中文版。2021年，美国内布拉斯加大学教授陆束屏先生与纪念馆合作推出了《德国外交文件中记载的南京大屠杀与劫后社会状况》一书，2022年这本书出版了英文版和德文版。英文版于2022年8月由世界著名的出版商施普林格出版社在纽约、伦敦、柏林等地出版；德文版于2022年10月在德国威斯巴登出版。

2022年，陆束屏还有两本英文书在国内推出了中文版，均由团结出版社出版。一本是《他们当时在南京——南京大屠杀的英美国民见证》，该书呈现了第三方亲历者留下的有关南京大屠杀的第一手资料。另一本是《直面历史的深渊——南京大屠杀始末探析》，该书英文版出版两年多来，已在国外被下载将近四千两百次，吸引了国际学术界的关注。陆束屏在英文版的基础上，加入最新研究成果出版了中文版。

推出国家公祭、南京大屠杀史等系列主题出版物

2022年是南京安全区国际委员会主席、德国友人约翰·拉贝140周年诞辰，纪念馆的智库专家推出了有深度、有分量的研究专著《南京大屠杀国际安全区研究》。这本书由南京师范大学副校长、南京师范大学南京大屠杀研究中心主任张连红教授，江苏省社科院历史研究所研究员王卫星，江苏省委党校教授杨夏鸣和纪念馆的资深研究人员刘燕军4位专家历时20多年合作完成。

另外一本研究著作是《侵害与交涉：日军南京暴行中的第三国权益》，该书由江苏省社科院历史研究所研究员崔巍撰写，书中以日军在南京大屠杀过程中侵害第三国权益为视角进行研究，强调了南京大屠杀的国际影响。这本书也是纪念馆智库国家记忆与国际和平研究院的课题成果。

自2014年首次举行国家公祭仪式以来，每年纪念馆都编辑出版国家公祭日资料集，之前已经出版了8册。2022年出版的是第九册，对2021年国家公祭日进行了全记录，并介绍了全国群众性主题教育活动的开展、海外和全国纪念馆同步公祭、各界筹备仪式活动，以及国内外主流媒体报道。这本书为开展国家公祭主题教育提供了大众读物。

2022年是中日邦交正常化50周年。自1985年建馆以来，纪念馆在对日民间交流中，留下了许多中日民间友好交往的生动实践。《以史为鉴——日本友人和平实践口述》汇集了15

发布会现场集中摆放了近5年来南京大屠杀研究的一系列外译出版物（新华报业视觉中心记者　万程鹏　摄）

位日本友人坚持历史真相、反省侵略战争、积极维护和平的故事。他们中有的父辈直接参加过侵华战争，有的关注日本战争罪行和遗留问题，有的将中日友好作为一生的事业，在了解到日本侵华和南京大屠杀历史真相时，他们选择站在正义的一边，为维护历史事实、忏悔战争罪行、传递和平理念而积极行动。这本书是智库推出的第二本日本友人口述史。

长期以来，纪念馆坚持做口述史工作，目前已经形成了南京大屠杀幸存者、南京大屠杀历史记忆建构者、海外友人三大系列口述史。未来纪念馆将继续以生动的口述记录还原历史的细节，讲好南京大屠杀历史记忆建构和传承的故事。推进南京大屠杀专业期刊多语种版本的出版，推动学术成果外译。

《日本侵华南京大屠杀研究》杂志自2018年创刊以来，得到了新闻出版局和专家学者的支持，杂志被中文社会科学引文索引（CSSCI）来源期刊（扩展版）、中国人文社会科学A刊引文数据库（CHSSCD）全文收录，杂志社获得了第三届江苏省新闻出版政府奖先进新闻出版单位。2022年，4期中文刊按计划发行中，已出版的3期中，被《人大复印报刊资料》转载3篇，《澎湃新闻》网站转载5篇。杂志社微信公众号推送学术论文30多篇，阅读量累计达5万多次，学术影响力和传播力持续加强。

在出版中文刊的同时，纪念馆在中国外文局的支持下，选取南京大屠杀研究、日本侵华史研究、和平学研究等方面的学术论文，向海外发行《日本侵华南京大屠杀研究》杂志英文刊，每期向美、英、德等国的主流大学、图书馆和研究团体发行1000多册，并同步编辑日文刊。2022年，纪念馆新推出了法文刊，加强向法语世界传播南京大屠杀史实，形成由英文刊、日文刊、法文刊组成的多语种外刊体系，以杂志为载体，增进国际学术交流，增强国际学术影响力。

让世界不同地方的人们了解这段历史

《南京大屠杀国际安全区研究》是截至目前国内外第一本系统全面深入研究南京安全区的学术专著。发布会现场，张连红教授介绍："近20年来，南京大屠杀许多新史料不断挖出，特别是72册《南京大屠杀史料集》的陆续整理出版，为南京安全区的研究提供了丰富的第一手史料，基于新史料的发现和学术界不断推出的新成果，该书在原来初稿的基础上进行了大幅修改充实，并得以在江苏人民出版社顺利出版。"最后，他动情地说："今年正值纪念南京大屠杀遇难同胞85周年，谨以此书献给在南京大屠杀期间仍坚持留在南京的20余位西方人士，献给与西方人士并肩战斗、与同胞守望相助的1500余位中方人士。人道主义精神永放光芒！"

《侵害与交涉：日军南京暴行中的第三国权益》一书作者崔巍研究员在发布会上介绍了

该书出版的积极意义："首先是拓展了南京大屠杀研究的范围。把研究范围延伸到第三国本身就是拓展了研究范围。其次是对一些问题提出了新的观点，如南京大屠杀的时空范围问题、南京大屠杀对远东国际关系的影响等。第三是对南京大屠杀研究的史料运用的一点创新，即把几方面的史料综合起来对比运用。"

南京大学出版社学术分社社长杨金荣介绍："截至目前，我们先后6次申请到中华学术外译项目，3次申请到国家丝路书香工程项目，今天我们已经实现了《南京大屠杀史》7种外国文字的出版。南京大学出版社已经与11个国家签订海外正式出版合同，这些国家分布在亚洲、北美洲、欧洲和南美洲。《南京大屠杀史》多语种海外出版，使不同国家的民众了解了南京大屠杀的历史，分享了中国学者的研究。我们将在走出去的征途上继续前行，让世界不同地方的人们了解这段历史。"

（《南京晨报》记者　付岩岩）

8本南京大屠杀史系列新书发布

12月1日上午,"铭记历史 勇毅前行——2022年度系列新书发布会"在侵华日军南京大屠杀遇难同胞纪念馆举行,《南京大屠杀国际安全区研究》等8本新书与读者见面。

开展南京大屠杀史外译和海外发行,强化国际传播

发布会现场集中摆放了近5年来南京大屠杀研究的一系列外译出版物,其中有纪念馆牵头编写的《人类记忆:南京大屠杀实证》英文版和德文版。2022年,南京大学出版社推出了《南京大屠杀史》西班牙文版和哈萨克文版,目前该书已形成7个语种的海外传播矩阵,德语版也在有序推进中。

纪念馆还加强与海外华人学者的合作,在国外出版外文版著作,并在国内出版相应的中文版。2021年,美国内布拉斯加大学教授陆束屏先生与纪念馆合作推出《德国外交文件中记载的南京大屠杀与劫后社会状况》一书,2022年这本书出版英文版和德文版。陆束屏还有2本英文书在国内推出中文版,一本是《他们当时在南京——南京大屠杀的英美国民见证》,呈现了第三方亲历者留下的有关南京大屠杀的第一手资料。另一本是《直面历史的深渊——南京大屠杀始末探析》,该书英文版出版2年多来,已在国外被下载将近4200次,吸引了国际学术界的关注。陆束屏在英文版的基础上,加入最新研究成果出版了中文版。

推出国家公祭、南京大屠杀史等系列主题出版物

2022年是南京安全区国际委员会主席、德国友人约翰·拉贝140周年诞辰,纪念馆的智库专家推出了有深度、有分量的研究专著《南京大屠杀国际安全区研究》。这本书由南京师范大学副校长、南京师范大学南京大屠杀研究中心主任张连红教授,江苏省社科院历史研究所研究员王卫星,江苏省委党校教授杨夏鸣和纪念馆的资深研究人员刘燕军4位专家历时20多年合作完成。

另一本研究著作是《侵害与交涉:日军南京暴行中的第三国权益》,由江苏省社科院历史研究所研究员崔巍先生撰写，书中以日军在南京大屠杀过程中侵害第三国权益为视角进行研究，强调了南京大屠杀的国际影响。这本书也是纪念馆智库国家记忆与国际和平研究院的课题成果。

自 2014 年首次举行国家公祭仪式以来，每年纪念馆都编辑出版国家公祭日资料集，2022 年出版的是第九册。2022 年是中日邦交正常化 50 周年。自 1985 年建馆以来，纪念馆在对日民间交流中，留下许多中日民间友好交往的生动实践。《以史为鉴——日本友人和平实践口述》汇集了 15 位日本友人坚持历史真相、反省侵略战争、积极维护和平的故事。这本书是智库推出的第二本日本友人口述史。

未来，纪念馆将继续以生动的口述记录还原历史的细节，讲好南京大屠杀历史记忆建构和传承的故事。

发布会现场展示的出版物

推进南京大屠杀专业期刊多语种版本出版，加大学术成果外译

《日本侵华南京大屠杀研究》杂志自 2018 年创刊以来，得到了新闻出版局和专家学者的支持，在出版中文刊的同时，纪念馆在中国外文局的支持下，选取南京大屠杀研究、日本侵华史研究、和平学研究等方面的学术论文，向海外发行《日本侵华南京大屠杀研究》杂志英文刊，每期向美、英、德等国的主流大学、图书馆和研究团体发行1000多册，并同步编辑日文刊。2022年，纪念馆新推出法文刊，加强向法语世界传播南京大屠杀史实，形成由英文刊、日文刊、法文刊组成的多语种外刊体系，以杂志为载体，增进国际学术交流，增强国际学术影响力。

发布会尾声，纪念馆向南京师范大学学生代表以及南京图书馆、金陵图书馆代表赠书。

（《现代快报》记者 徐梦云）

"不可忘却的记忆"阅读寻访行动开启"云寻访"

扫描二维码，共同寻访遗迹、阅读历史、矢志铭记、砥砺前行

2022年是南京大屠杀惨案发生85周年，在第九个南京大屠杀死难者国家公祭日到来之际，"不可忘却的记忆——南京大屠杀史实"阅读寻访行动（第六季）将于12月9日推出线上平台，开展"云寻访""云诵读""云记忆""云课堂""云祭奠"等系列活动。活动由南京市委宣传部指导，南京市教育局、南京报业传媒集团主办，龙虎网承办。

在"云寻访"单元中，平台通过VR全景方式，将位于南京各处的侵华日军南京大屠杀遇难同胞丛葬地纪念碑进行集中呈现。活动还邀请了丛葬地纪念碑周边的大中小学学生代表，通过"云诵读"的方式诵读纪念碑碑文，用声音表达缅怀之情。

南京大屠杀幸存者是侵华日军南京大屠杀惨案的亲历者，他们为南京大屠杀这段历史的传播做出了重要贡献。幸存者后人则是南京大屠杀家族记忆代际传承的有生力量。在"云记忆"单元中，潘巧英、路洪才、阮定东3位南京大屠杀幸存者讲述自己在85年前亲历的史实，并寄语年轻一代珍爱和平。李真铭、夏媛、李玉瀚、马雯倩4位南京大屠杀历史记忆传承人，则通过讲述历史、诵读相关史实书籍的方式，带领大家回忆那段黑暗的历史。

铭记历史最好的方式就是深入了解这段历史。在"云课堂"单元中，江苏省现代史学会理事、南京理工大学马克思主义学院副教授叶铭和南京市档案馆研究馆员、国家记忆与国际和平研究院特聘研究员夏蓓分别来到位于长江岸边的丛葬地和江南水泥厂，以走读讲解的方式，带领大家回顾惨痛历史，感受黑暗中的人性光辉。

在"云祭奠"单元中，网友可以为遇难同胞线上献花、点烛，以致哀思。

（《南京日报》记者　余梦迪）

"12·12和平之夜"：
我们一起，用声音驱散黑暗、守护和平

85年前的漫漫长夜，金陵城破，30万同胞泣血蒙难。然而，黑暗永远战胜不了光明。

2022年12月，第九个国家公祭日前夕，难忘85年前的苦与痛，我们为逝者哀，为和平祈。"12·12和平之夜"接力诵读即将举行，让每一支蜡烛的光，每一句诵读的声，以文字的灵魂、声音的力量，行祭之礼，在历史痛感中砥砺前行，不忘历史，矢志复兴。

本次"12·12和平之夜"接力诵读活动由南京报业传媒集团周末报社联合南京诗词学会，在中共南京市委宣传部指导下举行，以"勿忘国耻　圆梦中华"为主题，大力弘扬以爱国主义为核心的民族精神，突出营造革命传统教育氛围，坚定实现中华民族伟大复兴的理想信念。

12月7日，"和平之声 云上共读"平台将启动，包括6个篇章："金陵城殇""不屈抗争""缅怀同胞""祈愿和平""奋发图强""圆梦中华"；有6位领读者：南京市作家协会顾问、南京诗词学会顾问、著名诗人冯亦同，栖霞区诗词楹联家协会常务副会长、西岗街道关心下一代工作委员会主任吕步志，南京电视台《南京新闻》主播韩永联，南京大屠杀幸存者马秀英的曾孙女马雯倩，紫金草文化传播使者郭尔乐，南京理工大学二月兰诗社学生代表张淑敏。邀请网友和我们一起，用声音接力，为和平发声。

12月12日晚至12月13日凌晨，4位领读者代表将走到线下，和大学生一起，用声音守护这座城。铭记，不仅为民族的悲怆；纪念，只愿吾辈更加自强。中山门、南京抗日航空烈士纪念馆、和平门、中华门，它们记录了85年前这座城市遭受的苦难，也见证了全体中华儿女携手同心凝聚磅礴力量，为实现中华民族伟大复兴中国梦的不懈奋斗。从最黑暗到最光明，在诵读中我们感悟历史，成为新时代的和平守护者。

2018年，第五次国家公祭日前夜，我们第一次举行"和平之夜"诵读接力活动。以穿透黑夜的声音，铭记历史，守护和平。12位市民代表，81位大学生，12小时13分钟声音的传递，让坚强不屈的信念和守护和平的力量，在南京城里回响。

2019年，我们在武定门、中山门、和平门、挹江门、中华门5座城门里点亮烛光、诵读历史，巍巍城墙是南京人的家之所在，心之所依。

2020年，我们首次启动"云上共读"平台，突破时间和空间，汇聚更多人的声音，众志成城。

2021年，6小时接力诵读，6个地标回望历史，让"和平之夜"在每个人的心里发芽，开出柔软而坚韧的和平之花。

2022年，"12·12和平之夜"接力诵读，让缅怀、感恩以及对和平的共同追求，将我们聚集在一起，不为延续仇恨，只为许愿和平。让这每一支蜡烛的光辉、每一句诵读，穿透黑暗，告慰逝者，温暖生者，启迪未来，共筑和平。

现在，就请加入我们——扫描下方二维码，进入"和平之声 云上共读"专题。

扫描二维码，进入"和平之声 云上共读"专题

（南报周末记者 王迅）

痛心！仅剩 54 位……
南京大屠杀幸存者向远松去世

我们悲痛地获悉，南京大屠杀幸存者向远松，于 2022 年 12 月 5 日傍晚去世，享年 94 岁。南京侵华日军受害者援助协会登记在册在世的幸存者，仅剩 54 位。

哥哥和叔叔均惨遭日军杀害

他曾亲手写下："1937 年 12 月 13 日侵华日军占领南京，入城杀人放火，残垣断壁、尸横遍野，两日内叔兄先后被屠杀，日军制造了骇人听闻的南京 30 万人大屠杀惨案，震惊世界。我和家人二上尸山寻亲人，满江滩尸积如山，惨状目不忍睹，至今历历在目，深埋心间，难忘。"

向远松出生于 1928 年。南京沦陷后，年仅 9 岁的向远松失去了 2 位亲人。向远松祖籍湖南，民国时期举家迁入南京，生活在老下关宝塔桥一带，父母都在当时著名的和记洋行里做工。

1937 年 12 月 12 日，闻听南京破城在即，老下关一带的有钱人，纷纷拖家带口离开了南京。"12 日晚上，我和 11 岁的姐姐，还有爸妈就都被送进了难民营。难民营就是一座寺庙，直到 14 日清早，又被赶了出来。"向远松出了难民营，来到宝塔桥的路上，马路东西两侧密密麻麻跪满了至少千名和他一样手无寸铁的老百姓。

1937 年，向远松的哥哥向远高被日军抓住，关押在煤炭港仓库，后被集体枪杀、焚烧。四叔向忠林也惨遭日军杀害。在过去的采访中，向远松曾说："我的哥哥当年 26 岁，他小时候发过天花，脸上长有麻子，他觉得自己不会被抓，没有和我们进入难民营。还有我的叔叔，因为和人合伙做生意，也没躲进来。"

老人把哥哥的遗像带到"哭墙"前

在寻找亲人尸体的路上，向远松目睹江滩上尸体堆积如山。后来，他随父母躲在宝塔桥难民区，侥幸生存下来。向远松和父亲将吃饭的碗砸碎了，然后用碎瓦片当铲子，硬是在所住的地方挖了一个刚能容下一人的坑，"只要一听见动静，就让我妈妈躲进坑里，然后把稻草编成的床铺放上去，这才躲过一劫。"

向远松老人把哥哥的遗像带到"哭墙"前

这段记忆一直烙印在老人的心里。每年清明，他都会到亲人们被杀害的地方看一看。1952年，向远松因工作去了云南，隔几年才能回南京一次，他回来最大的牵挂，就是到煤炭港看看。方家营与老江口的路口向南约100米就是煤炭港纪念碑，建于当年日军屠杀的煤炭港长江汊河口遗址桥头上，系侵华日军南京大屠杀主要遗址之一。1984年，向远松老人退休回到南京，每年的12月，老人都会乘坐公交车来煤炭港转一圈。

前几年老人身体尚可，每逢清明节、国家公祭日，他都会带着逝去亲人的遗像来到纪念馆"哭墙"前，向亲人致哀。老人曾悲痛地说："那一场人间惨案给我们全家带来的打击和悲痛，一直持续到了今天，时刻都没有忘记。"每次来到"哭墙"前，老人都会回忆起兄弟俩的往事。"哥哥比我大十几岁，是个文化人。他每次回来，都会给我带两块糖。一点一滴，我记得清清楚楚。"

(《扬子晚报》紫牛新闻记者 张楠)

四年酝酿完成南京大屠杀历史题材儿童小说，《宁生》以文学创作铭记惨痛历史

杨筱艳是南京市长江路小学的英语老师，也是成果颇丰的南京作家、编剧。2022年国家公祭日前夕，她刚刚完成的南京大屠杀历史题材儿童小说《宁生》即将付梓。近日，杨筱艳就其近年来创作的南京大屠杀历史题材系列作品的创作背景、创作理念，接受记者专访。

用文学讲述历史

杨筱艳是英美文学专业出身，陆续出版了不少翻译作品。开始文学创作，源于她2006年在南京师范大学读教育硕士时教育叙事课的结课作业。作业要求把教育案例用故事的形式表达出来，由此，杨筱艳创作了一系列关于孩子的短篇小说，后陆续结集出版。

从儿童文学起步，杨筱艳的新书也开始深入研究城市历史。在她看来，"任何人物在社会历史背景下才是鲜活的，才是有逻辑的。"

近年来，杨筱艳的创作实力备受业界关注，她化身编剧"未夕"，作品陆续受到包括正午阳光在内的多家影视公司的青睐。她参与编剧的《山海情》、原著小说改编的电视剧《乔家的儿女》，都是荧屏爆款，接下来还有《人生·路遥》《以子之名》等多部热门剧将与观众见面。

在杨筱艳的创作中，侵华日军南京大屠杀这段惨痛的历史是她非常看重的领域。儿子小学五年级时，杨筱艳有一次送他上辅导班，偶然在区图书馆看到很多地方志，接触到南京大屠杀史料，后来她就有意识地每周去看。"最早看的是徐志耕老师、朱成山老师的书，后来看到南京大屠杀幸存者口述历史《被改变的人生》，我内心特别震撼。"联想到外公外婆的亲身经历，她的创作冲动被点燃了。

把公祭日漫画写成小说

"那年乱世如麻，愿你们来世拥有锦绣年华。"最近，杨筱艳刚完成的南京大屠杀题材的儿童小说《宁生》即将付梓。这部小说的灵感来源于那张引发众多网友共鸣的公祭日漫画。

2017年引发网友共鸣的国家公祭日漫画（铲史官漫画绘制）

曾经全网刷屏的漫画中，两名女孩穿越历史隔空对话，小说也由此讲述一个穿越时空的故事：一个孩子生活在1937年12月13日至20日的南京，另一个孩子生活在2019年12月13日至20日的南京。生活在2019年的孩子闯到学校校史馆，因为逃课被爸爸打了一顿，他选择离家出走，一共走了半天，被网格员找回来，这个过程中他接收到外界善意的帮助。而1937年的这个孩子，半天内家破人亡。穿越时空对望的两个孩子，有着不同的命运。

杨筱艳告诉记者："新世纪的儿童处在自由、幸福的环境中，如何理解并认识南京大屠杀这段历史，如何真正实现一种对照，是这部小说要着力去挖掘的。"

这不是杨筱艳第一次写南京大屠杀相关题材的小说。2020年推出的《荆棘丛中的微笑》就是以南京大屠杀为背景的三部曲故事，她在上海国际童书展举行分享与签售会时，读者挤满了会场。这本书也获得2020年陈伯吹国际儿童文学奖。

以家人为原型进行创作

《荆棘丛中的微笑：小丛》源自杨筱艳家人的亲身经历，原型就是她外公外婆和2个未曾谋面的舅舅。杨筱艳的外公原本在南京杨公井做织锦生意，后来在碑亭巷开了家照相馆。1937年8月，日军飞机对南京进行空袭，南京形势严峻。外公决定带上妻儿，关店锁门逃往重庆。"外婆告诉我，那时候家里稍微有一点家底的都逃了。大家都从南京挹江门去中山码头长江边渡江。"

国家公祭
解读南京大屠杀死难者
国家公祭日资料集 ⑩

杨筱艳

杨筱艳把家人亲身经历的细节都写进书里，成为家族记忆的记录者。"我外婆耳朵上戴了一副金耳丝，在过挹江门时，在人群中被人拽走了。外婆当时耳朵上鲜血淋漓。到了长江边，要登上渡江的船只，要买船票。当时票价飞涨，外公用三根半金条买了四张船票。一张船票几乎要一根金条！"

杨筱艳说，1937年，当时舅舅们都还是孩子，他们跟随大人从南京过江，一路颠簸前往重庆。后来不幸遭遇1941年重庆"六五"大隧道惨案，2个舅舅遭踩踏致死。

"现在的日子真好"

"我们家这段伤痛往事，家人并不愿多提，只零零星星跟我讲过逃难的过程，这段记忆很深刻地刻在家人心中。外婆的眼睛后来是半盲的状态，就是那时候哭坏的。"战争对人的巨大影响是终身的，杨筱艳记得，"外公坚决不给我喝甘蔗汁，我一直不知道原因。后来才知道，日本投降后外公外婆回到南京，先后生育两个女儿。大女儿就是我的母亲。家里太穷，姨妈生病发烧没钱看病，邻居好心给她喝了点甘蔗汁，结果症状突然加重去世，这成了外公心中永远的痛。"

"1950年以后，外公重新到照相馆当摄影师。外婆进了街道工厂上班，再后来到了居委会，还成为南京市人大代表。我爸妈结婚后都有工作，我外婆后来经常念叨：'现在日子好过了。'"杨筱艳出生后，外公特别喜欢她，因为家里已经很多年没有添丁了。外公于1991年去世，享年76岁。外婆于2005年安详离世。"如果没有战争，这会是一个很平安幸福的家庭。"杨筱艳说，"外婆后来也感叹：'没有想到，现在的日子真好。'这种心境，只有有过非常惨痛经历的人，才能体会到。"

(《扬子晚报》紫牛新闻记者 张楠)

报道南京大屠杀的中国记者王火：
我永远不会忘记这段历史

王火希望更多的年轻人了解南京大屠杀的历史，"我的书不是写给老头子看的"。王火的女儿王凌还记得，王火有次看到一部"抗战神剧"，非常恼火。他嘀咕说："打仗真有这么容易吗？怎么可能两个飞镖就把日本人打死？太不靠谱了！要是年轻人光看这些，根本无法了解真实历史。"

98岁的王火一直保留着一块铭牌，上面镌刻有8个大字：以笔为枪，投身抗战。

23岁时，他与2000位旁观者一起，见证了南京大屠杀战犯谷寿夫的公审，那两年，他奔波于南京的街巷，收集证据，重访故地。在南京寒冷的冬天里，他拜访了亲历过南京大屠杀的幸存者，写出《被侮辱与被损害的——记南京大屠杀时的三位死里逃生者》等重要报道，成为第一批报道南京大屠杀的中国记者之一。

王火近照

国家公祭
解读南京大屠杀死难者国家公祭日资料集 ⑩

2022年12月13日是第九个南京大屠杀死难者国家公祭日。距离大屠杀已经过去了85年，"近一二十年的事情，印象很快淡薄了，抗战十四年印象却仍非常深刻。"王火说，那是一段永远也无法磨灭的经历。

铁证

一群天皇的勇士们搜见了她，在光天化日之下便要强奸，结果却遇到了出乎意外的强硬抗拒，于是强奸未遂，而陈李秀英却被那些"皇军"们的枪尖，戳了三十七刀，奄奄一息地被鼓楼医院的外国籍医师抬入院内，经过诊治，她的伤是好了，但我见到陈李秀英时，她已经是一位脸部比《夜半歌声》里的"宋丹萍"好不了多少的女子。

——摘自王火《被侮辱与被损害的 记南京大屠杀时的三位死里逃生者》

98岁的王火耳朵已经没有那么灵光，在电话里，他一次又一次重复着："我已经要100岁了，太老了，耳朵不是很好，很多事情已经记不清楚了，你能把你的问题再说一遍吗？"

但讲起当年采访报道南京大屠杀的经历，他的声音又不自觉地提高了一些，"当时有一个叫李秀英的女性，她为了反抗日本人的欺辱，身上中了几十刀，是非常了不起的女性。"王火是第一个采访李秀英的中国记者，那些讲述和报道成为日后证明南京大屠杀存在的重要证据。

写出一系列南京大屠杀报道时，王火只有23岁，李秀英大王火6岁。1947年，李秀英在南京军事法庭审判南京大屠杀主犯谷寿夫案中出庭作证，王火先后多次采访了她，对王火而言，"记录下李秀英的故事，寻找南京大屠杀的历史，是为了捍卫人类的文明和尊严。"

在当时，大多数幸存的受害者羞于出头露面，"但李秀英不同，她为抵御敌人，身中三十七刀而不屈，她是以一位抗日女战士的身份屹立着的，她虽被敌人毁了容，但抗战胜利了，她是受害者中率先出面指控日军暴行的女同胞。"

王火还记得，1947年年初，天气极寒，两人的对话从南京小营国防部战犯拘留所，到玄武区鱼市街卫巷李秀英的家中，讲到血腥恐怖处，"她落泪，我的心战栗，眼眶也不觉湿润起来。"

2005年，王火在得知李秀英逝世后，撰写了悼念她的文章《宁死不屈的"圣女"》，文中还原了当年的经过。

"12月13日下午，当时十九岁的李秀英已怀有七个月身孕，躲在南京国际难民区内一个地下室里。12月19日上午9点，来了六个日本兵，他们抓了十多个年轻妇女来准备奸污，

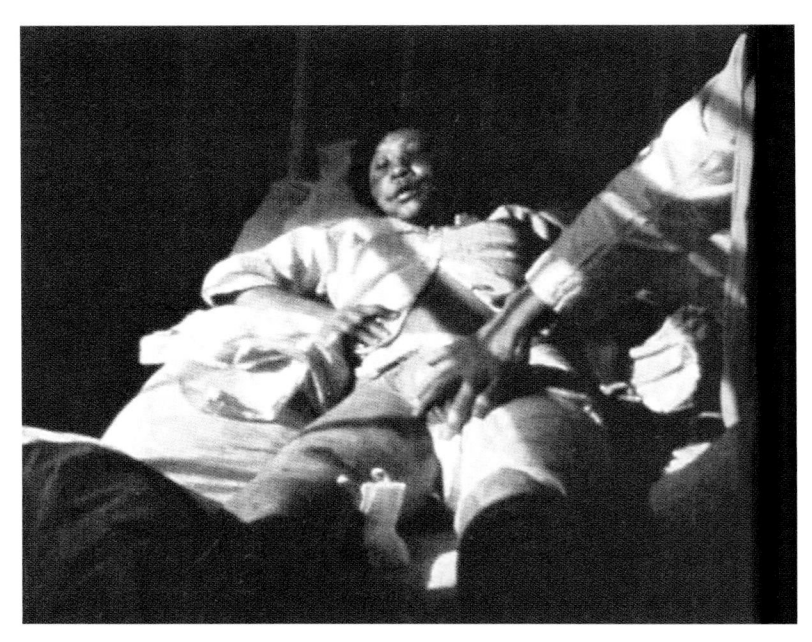

1937年12月，李秀英被送入南京鼓楼医院救治

又要来抓李秀英。李秀英想：我宁死也不能受侮辱。她咬着牙一头撞向墙壁，顿时头破血流昏倒在地，日本兵只得丢下她走了。

中午时分，突然又来了三个日本兵，他们赶走了躲在地下室里的男性，一个鬼子上来要强暴李秀英，她一把就夺住这鬼子兵的军刀柄，同鬼子揪打起来，她咬鬼子的手，卡鬼子的脖子，扭成一团，同鬼子兵在地上翻滚，其他两个鬼子兵跑过来帮忙，用刺刀乱戳她，她脸上、腿上、背上都刺伤了，最后，见她顽强，一个鬼子一刺刀狠狠戳在她肚子上，她终于松开双手血淋淋地昏死了过去。"

李秀英告诉王火，没有人能想到她挨了37刀，昏迷7天后，还能活下来。

许多年过去，王火仍记得当时采访李秀英时她的模样：语气坚强，神情严肃，但面部受损。日本兵用刀将她的鼻子、眼皮、嘴唇和脸面都割损了。"当时天气冷，她总是用一条长长的蓝灰色围巾包着头遮着脸，我不忍心凝视她或多去看她的伤痕，我觉得那会是对她的一种不敬。"

王火记得，他后来见到了登在报纸上的李秀英的照片，她脸上的伤痕随着岁月的消磨逐渐平复了，尽管这样，仍能看见曾经的痕迹。王火还发现，几十年来，他看到李秀英在报刊、电视上的形象，都是没有笑容的。

以笔为戎

> 日本军队在难民区内屠杀百姓，看见了他（梁廷芳）就给了他一刺刀……同时他的伤口也被摄入电影，这次他随秦德纯次长去东京作证，放映给战犯者的电影上就有他，这一位道道地地的证人，在东京法庭上，曾经慷慨激昂地发过言，据说日本的战犯们曾经都颤颤地低下了头。
>
> ——摘自王火《被侮辱与被损害的　记南京大屠杀时的三位死里逃生者》

王火本名王洪溥，1924年出生于上海，原籍江苏如东县。6岁时，他随父亲迁往南京。在此地生活多年，年近百岁的王火仍然记得，童年时曾跑过的南京街巷，父亲也曾经带着他去过雨花台。

1937年，抗日战争全面爆发。为了躲避战火，王火跟随家人辗转安徽、湖北等地，最终又回到上海。

在回忆录《九十回眸》中，王火写下，时为中学生的他，曾冒险游过苏州河，进入四行仓库慰问孤军奋战的八百勇士，也曾在上海的大街小巷散发过抗日传单。

1942年7月初，18岁的王火由上海到南京转道安徽去大后方，南京城的情景与抗战爆发前他在南京居住时完全不同，"在南京停留时，只见人迹稀少，断垣残壁，下关江边一带本来热闹繁华的地方尽皆没有了。"此后，他又步行至河南洛阳，经陕西入川，到达重庆，辗转到江津投奔在县城当律师的堂哥王洪江。

这年，王火考入了国立九中高一分校。一路上，因战乱和饥荒，王火目睹了灾民们饥饿漂泊的可怜景象，在晚年的回忆录里，王火将在这段颠沛旅程中看到的场景称为"人间炼狱"。

王火的新闻生涯起源于一次意外事故。1943年夏天，九中高一分校发生了一起学生中毒事件，王火参与了抢救同学的工作，目睹了某些医生不给穷学生好好抢救的行为，他撰写了一封批评稿投给《江津日报》，很快被刊出，产生了很大的社会影响，"我觉得为人民做口舌还是好，可以为老百姓讲话。从那时起，我就埋下了学新闻当记者的心愿。"

次年，王火北上投考复旦大学新闻系，鼎鼎有名的陈望道、萧乾成了他的老师。读书时，王火参加过陈望道掌舵的每周一次的"新闻晚会"，也上过萧乾的英文新闻写作课，他回忆，赵敏恒的时事研究课上得像新闻发布会，储安平在报刊评论写作课上强调"语不惊人死不休"。

在"大招牌教授很多"的复旦大学新闻系念书时，王火就受聘同时担任三家报纸杂志的记者。

1946年，复旦大学新闻系的王研石教授给了王火一份工作——以驻上海、南京特派员的

20 世纪 40 年代，在复旦大学新闻系读书的王火

名义，前往南京采访日本战犯的审判过程。自此，王火开始了对南京大屠杀持续两年的追踪报道，成为当时第一批揭露报道南京大屠杀的记者之一。

1946 年，王火在南京国民政府国防部小营战犯拘留所见到谷寿夫，据中国第二历史档案馆资料，"谷寿夫是日军第六师团师团长，在谷寿夫部队驻南京之期间内，纵兵肆虐，以剖腹、枭首、轮奸、活焚等残酷行为，加诸徒手民众迁夫无辜妇孺。穷凶极恶，无与伦比。"

次年 2 月，王火以记者身份参加了谷寿夫的公审，"楼上楼下，座无虚席，据统计，旁听人数约 2000 人"。王火在为《时事新报》撰写的报道中提及，公审中，检察官起立宣读了长达 4000 余字的起诉书，并补充道，"略谓京市大屠杀，历时数月，区域包括城郊城内，被害者数十万人"，尽管有幸存者和纪录片为证，谷寿夫仍然强调他不应为南京大屠杀负责。

1947 年，王火的《南京大屠杀主犯谷寿夫受审详记》发表在重庆《时事新报》上

王火见证了公审时的群情激愤,"四周嚷嚷愤慨之声不绝"。

3月10日,谷寿夫宣判,被处死刑,判决书中认定:"计我被俘军民,在中华门花神庙、石观音、小心桥、扫帚巷、正觉寺、方家山、宝塔桥、下关草鞋峡等处,惨遭集体杀戮及焚尸灭迹者达19万人以上,在中华门下码头、东岳庙、堆草庵、斩龙桥等处,被零星残杀、尸骸经慈善团体掩埋者,达15万人以上,被害总数共30余万人。"

妙手著文章

抗日战争中,仅仅一场日本侵略军在南京的大屠杀,中国军民就被杀了三十万,大大超过了两颗原子弹给日本人带来的灾难。我们能不如实地写出当年的实情使中日现代的青年和将来的人民了解真相吗?"前事不忘,后事之师",正确了解历史才有利于中日两国人民世代友好下去。

——摘自《战争和人》创作手记

1949年,王火获得去美国哥伦比亚大学新闻学院深造的全额奖学金,但他主动放弃了这次机会,他原本想跟自己的老师萧乾一样,成为一名战地记者。但"当时新中国即将成立,我想要留下来与大家一起见证、一起建设新中国,我不愿错过这么一个机会"。

1949年后,王火在上海总工会筹委会文教部工作,任编审干事。后来又调北京中华全国总工会,参与了《中国工人》筹办,任主编助理兼编委。1961年被调往山东支援老区,在山东做过十几年中学校长。

1944年,王火开始在报纸副刊上发表小说,"很多素材在我头脑里,想要喷薄而出地爆发一样。"王火下决心要写一部史诗性的作品,这就是后来的《战争和人》。

20世纪60年代初,王火利用业余时间创作了《一去不复返的时代》,这是《战争和人》的前身。不料,所有书稿在"文革"期间付之一炬。20世纪70年代末,王火收到人民文学出版社的来信,在出版社的鼓励下,他决定重新把这部小说写出来。

"她下了决心,一咬牙,自己用右手的食指猛地插入右眼,她哼了一声,立刻将右眼珠血淋淋地挖了出来,顿时血流满面了。绝不能忍受日本鬼子的侮辱!她宁可瞎!宁可死!她那满面是血的右眼眶变成一个血窟窿,样子一定是非常怕人的。"

王火在《战争和人》三部曲中写到的庄嫂在南京大屠杀中惊心动魄的遭遇,基本是基于当年对李秀英采访获得的印象写成的。王火曾说自己的写作标准:"写一个真的、我亲身经历过的故事。不是我见过的、不了解的我不写。如果我用真名字写的人和事,那都是真的。

1980年，刚写完《战争与人》第一部《月落乌啼霜满天》的王火

我写南京、上海，人家就说我写得真像，因为我在这些地方生活过。"

重写的过程并不是一帆风顺。1985年，在完成第一部的稿件后，为了救一个掉进深沟里的小女孩，王火的头部撞到一根钢管，左眼视网膜受了伤。后来又因编辑工作和写作过度劳累，左眼伤疤破裂，视网膜脱落，终至失明。

王火只能凭借一只眼睛写作、生活。一只眼睛看东西不准确，有时倒开水容易倒手上，夹菜容易夹到碗外面去。写稿的时候，他要戴上四百度的老花镜再用放大镜。一只手拿笔，另外一只手拿着放大镜，然后压住纸写，字迹有的时候就像"画符"一样，"亲身经历了那个时代，我就感到不能不写了，因为抗日战争对我来说是一段永远也无法磨灭的经历"。

1993年，这部167万字，时间跨度从西安事变到抗日战争胜利的长篇巨作终于完成，该作品由人民文学出版社出版。1997年，《战争和人》获第四届茅盾文学奖。

"愿我全力以赴写出的书里的希望、信念、理想、爱国主义和民族精神、历史必由之路……能可信地给人以感染，使人看到苦难中国过去了的一段长长的悲惨历史，懂得现在，知道未来，明白自己的责任！"王火在《战争和人》的后记中这样写。

南京大屠杀与我

置身于古老而又现代化的南京，看着龙盘虎踞的日下形胜，这种椎心泣血的感受总是随着血淋淋的记忆，不断强烈侵袭着我。我不能不想起1937年12月日军攻占南京时发生的惨绝人寰的大屠杀。这场大屠杀的高潮在1937年12月13日日军攻占南京后昼夜不停地持续了六周之久。当时全市被烧毁的房屋约三分之一，无辜同胞惨遭杀害达30万人以上。只要想起这些，我心情总是变得非常压抑、非常愤激。旅游的欢愉兴致也就受到了挫伤。于是，从我下榻的金都大酒店九楼的窗口，外眺南京四下里云霞斑斓、茫茫无边的景色时，我常默默凝思，怅然不悦，沉浸在苦涩复杂的心情中。

——摘自王火随笔《血色回忆》

1998年，王火获第四届茅盾文学奖，他在家中接受四川省作协、文联赠送的花篮

晚年的王火，深居简出。他住在一间并不大的屋子里，书籍散落各处。女儿王凌说，父亲已经不大写作，但几乎每时每刻都"拿着那柄加了小灯的放大镜"读书。前年，王火经历了一场重病，做了心脏支架手术，虽然已经年近百岁，但他的腿脚还利落，能一个人爬楼梯到二楼的家中。

他不能吃猪肉，每天要吃蔬菜，吃萝卜、冬瓜，白水煮，不放油。大部分时候，他清晨八点起床，晚间在音乐声中入眠。

晚年的事情王火已经不大能记得清了，前些年，王火在接受采访时说："近一二十年的事情，印象很快淡薄了，抗战十四年印象却仍非常深刻。听到许多事，亲身经历了那个时代，我就感到不能不写了，因为抗日战争对我来说是一段永远也无法磨灭的经历。"

田闻一在20世纪80年代曾与王火共事，他还记得，多年前，两人聊起对《战争和人》的看法，"王老特别谦和儒雅，即便面对的是我这样的晚辈，他也会用征询意见的口吻问我，你看了吗？你觉得怎么样？"

王火希望更多的年轻人了解南京大屠杀的历史，"我的书不是写给老头子看的"。王凌还记得王火有次看到一部"抗战神剧"，非常恼火。他嘀咕说："打仗真有这么容易吗？怎么可能两个飞镖就把日本人打死？太不靠谱了！要是年轻人光看这些，根本无法了解真实历史。"

王火谢绝了大部分访客，但如果要谈起过去的那段历史，即使年事已高，听力衰退，他也仍然能够侃侃而谈。2022年夏季，侵华日军南京大屠杀遇难同胞纪念馆（以下简称"纪念馆"）的工作人员几经周折，联系到王火。在电话中，很多问题要大声地说上三四遍，王火思路清晰，将他当年在南京采访的经历、后来写作抗战类小说的经历娓娓道来。

2022年是南京大屠杀惨案发生85周年，纪念馆推出"南京大屠杀与我有什么关系"系列人物访谈，王火作为第一批报道南京大屠杀的中国记者，被选入内。系列中的其他人，或祖辈亲历过南京大屠杀历史，或创作过南京大屠杀历史题材的作品，或为南京大屠杀历史的国际传播做出积极贡献。

"他们是我们身边的普通人，但又是极不普通的一群'有故事的人'。我们想听他们讲述他们与南京大屠杀的关系，想从细节中找到那个我们需要一代代传承、铭记的理由，那个内心不能被抹去的点，那个一触碰可能就会瞬间流泪的最柔软的情感，也是最坚韧不拔、不容被侵犯的地方。"纪念馆工作人员在接受记者采访时表示。

纪念馆在国家公祭前夕派出采访组，到街头巷尾采访普通市民，问他们："南京大屠杀与我有什么关系？""当然有关系，和我们每一个中国人都有关系。"许多人给出了同样的答案。

纪念馆工作人员说："这已经是一个不可回避的问题，它是对侵略与主权的思考，是对战争与和平的思考，对普通人来说，更是对生命意义的思考。它让我们直视历史，让我们不敢忘、不能忘，让我们每个人思考，如何做能让我们的国家更强大，不让历史重演，让我们过上国泰民安的好日子。"

当问王火，他还有什么心愿时，他说，自己已经活了快100年了，没有什么心愿了。但谈及南京大屠杀，他又说，是不是应该把写的南京大屠杀相关的文章结集成书，"想起过去在南京采访的经历，我永远不会忘记这段历史"。

（《新京报》记者　陈亚杰、李冰洁　）

30平方米的地下室布满弹痕，可能见证了南京保卫战最后的战斗

30平方米的地下室，2条分布于东西入口的拱形甬道，其间密布着大大小小104处弹痕……近日，南京市文物保护志愿者饶进在妙耳山附近寻访发现一处民国时期修建的地下室，据资料推测为抗战时期的都天庙地下室，这里可能见证了南京保卫战最后的战斗。《现代快报》记者了解到，目前多位学者已联名向鼓楼区文旅局提交文物认定申请书，呼吁尽快保护这处遗迹。

地下室门口

探访

废砖垃圾半堵入口，室内密布上百处弹痕

妙耳山位于南京鼓楼区校门口1号小区内，山头很小，沿着石阶走上几百米，便能在杂草、树木中隐约看到地下室的东入口。东入口已被废砖堵住大半，跨过废砖就能看到，漆黑的拱形甬道内堆放着铁桶、钢筋、砖块等杂物，弓着腰越过杂物，眼前便豁然开朗。方正的

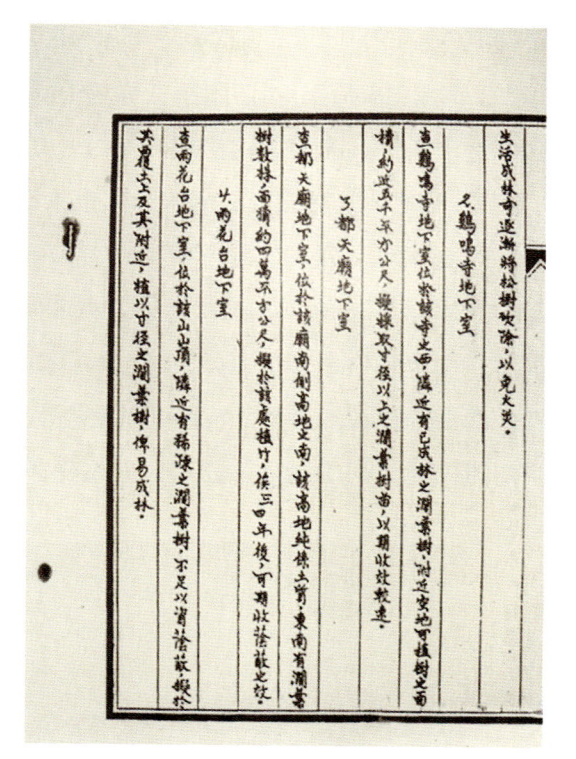

地下室部分甬道由明代城墙砖砌筑　　　　　有关地下室的档案（受访者供图）

地下室空无一物，地面干燥，墙壁上密布着大大小小的弹痕。地下室两侧有通气口，与东西甬道相连。继续沿着西甬道前进，就见西入口几近堵死，只留下巴掌大的缝隙。饶进说："这个建筑整体呈'U'字型结构，地下室主体为钢混结构，长 10 米、宽 3 米，地下室东西入口处各有一个长 10 米、宽 1.3 米的拱形甬道，由明城砖砌筑，上面能清晰看到不少城砖铭文。"

如此隐蔽的地下室是如何被发现的？饶进告诉《现代快报》记者，他是根据史料记载考证寻访的。1937 年 8 月 6 日编制的《首都地下室分配表》记载，共有方山、雨花台、马家山、北极阁、都天庙、富贵山、南山 7 处地下室，为抗战前应对日军空袭以及加强城市国防战备所修建。中国第二历史档案馆相关档案中也有记载：都天庙地下室，位于该庙南侧高地之南。

"都天庙在哪？我们又找来 1936 年出版的南京地图，发现妙耳山附近有一处地名就叫都天庙，再加上都天庙地下室预定使用单位为军政部，而妙耳山又临近当时的军政部。"综合各种资料档案，饶进来到妙耳山寻找消失已久的都天庙地下室，"不管是面积还是地理位置，基本可以判定我们寻访到的妙耳山地下室就是抗战时期的都天庙地下室。"

在探访过程中，两名在附近住了六七十年的居民告诉《现代快报》记者，这处地下室年代已久，"我们小时候就举着火把进去玩，听家里老人讲，是抗战时就有的建筑。"

考证

第 78 军第 36 师第 212 团第 1 营在妙耳山与侵华日军拼到最后

弹痕历历，岁月无声，这里曾发生过一场怎样的殊死搏斗？

"1937年南京保卫战后，市内未有重大战事发生，所以判断密集弹痕应为南京保卫战时遗留。仔细观察可以发现，地下室内的弹痕有两种，一种形成面积较大，推测是侵华日军以机枪扫射所留，另一种弹痕浅而密集，可能是中国军官装备的驳壳枪。"饶进统计发现，主体地下室东墙上弹痕最多，有弹坑63处，东西门内墙、主体地下室西墙等处均有多处弹痕，"根据东西墙面遗留的弹痕，大致可以还原出当时的战况，侵华日军由西入口进入地下室时，在室内与留守此处的中国守军遭遇，并发生了激烈战斗。"

墙上的弹痕

85年前，与侵华日军在此激战的是哪支部队？侵华日军南京大屠杀史研究会会员、南京抗战史学者、南京市栖霞区地方志办公室工作人员唐恺对此进行了研究。他表示，据档案资料记录，该地下工事建成于1936年，后由军政部学兵队接收保管，1937年8月15日，侵华日军空袭南京，学兵队当即组成一个高射区队，布防在市区三牌楼妙耳山一带。不久，该学兵队调防河南。学兵队撤防后，该处先后由防校练习队、炮兵41团、军政部特务团等部接防。然而，在南京保卫战期间，以上部队相继撤防，此处并无防空部队驻守的记载，可见此弹痕应不是防空部队与侵华日军作战时所留。

"这些激斗的痕迹可能是在巷战中产生的。"唐恺分析，在南京保卫战中，唯一承担巷战任务的就是第78军。1937年12月10日，南京卫戍司令长官唐生智命令该军占领复郭阵

地下室内部

地，为固守南京之最后战斗。11日，该军奉命增厚城防，做巷战准备。12日，该部第212团2个营作为掩护部队，分别占领军政部至挹江门一线阵地做巷战准备，负责掩护卫戍军撤退。同时军部要求第36师掩护各部队渡江后再行渡江，其中负责掩护的部队非有命令不得撤退，撤退时仍须预留小股部队做最后的掩护。

"史料中记载，第78军未能渡江撤退的部队，就有在三牌楼担任掩护的212团第1营全部。

地下室另一处通道

从上述资料来看，固守妙耳山阵地的应为第 78 军第 36 师第 212 团第 1 营，他们应该是在妙耳山的阵地上与侵华日军拼到了最后。"唐恺告诉《现代快报》记者，《南京大屠杀史料集》第 65 册《南京保卫战军宪警阵亡名录》显示，1937 年 12 月 14 日，时任首都警察厅第二警察局局长的贺如涛在妙耳山与日军遭遇，中弹殉难。

江苏省社会科学院研究员、侵华日军南京大屠杀史研究会顾问孙宅巍表示："妙耳山地下室内可能在南京保卫战后期发生过战斗，这一推测符合历史背景与现场状况，为今后南京保卫战史的研究提供了一条很有价值的线索。"

呼吁
多名学者递交申请书，希望将该地下室列入文物保护

"目前，江宁区方山抗日地下指挥所已公布为不可移动文物，作为同类型、同时期的民国军事建筑，妙耳山民国军事建筑也可进一步丰富完善鼓楼区的文保建筑类型和体量。"饶进告诉《现代快报》记者，近日，他与郭拥武、夏宏亮、唐恺、吕晓其等多位南京抗战史研究者共同向鼓楼区文旅局文物科提交了《关于认定重要民国建筑——妙耳山民国军事建筑为不可移动文物的申请书》。

"我们希望可以将妙耳山民国军事建筑列入不可移动文物，对这里进行清扫、亮化，并且树立文物保护标识，结合妙耳山这个市民公园，让更多人可以到地下室里面参观。"饶进表示，"妙耳山民国军事建筑是南京市区目前已发现具有作战痕迹较多的南京保卫战战场遗迹，它蕴含着中国军人的顽强抗战精神，具有重大的社会教育意义。"

（《现代快报》记者　张然）

南京 4 部国家公祭日主题作品 12 月 9 日起线上直播展映

2022 年是南京大屠杀惨案发生 85 周年。12 月 9 日至 12 日期间,每天晚上 19 点 30 分,南京将在线上直播 4 部国家公祭日主题文艺作品,以表达人们牢记历史、不忘过去,珍爱和平、开创未来的心声。

史诗越剧《八女投江》

该剧创作于 2015 年,是南京市越剧团为纪念抗日战争胜利 70 周年创排推出的作品。八女投江是中华儿女抗击外辱、宁死不屈的一曲浩然长歌,已经成为中华民族的一个精神符号。史诗越剧《八女投江》将这个壮举搬上越剧舞台,突出展现了中华儿女同敌人血战到底的英雄气概、崇高的民族气节和共产党人视死如归的革命斗争精神。

该作品曾先后荣获第三届江苏省文华奖"优秀剧目奖"、第七届南京市文学艺术奖"优秀作品奖"等。

直播时间:12 月 9 日 19:30。

《八女投江》海报

扫码观看直播

歌舞史诗《历史不可忘却　世界永远铭记》

该场演出是南京市歌舞剧院为南京大屠杀死难者国家公祭日定制策划的专场演出。作品通过多种舞台艺术表现形式，再现1937年侵华日军屠杀南京30万同胞的惨痛历史，以及南京人民英勇无畏、顽强不屈的精神，以激励观众铭记历史、珍爱和平。

直播时间：12月10日19：30。

扫码观看直播

话剧《沦陷》

该剧创作于2006年，由南京市话剧团创排。作品以1937年日本侵略者占领南京、30万手无寸铁的同胞惨遭杀戮的真实事件为大背景，从1个家庭的遭遇展开，刻画了不同国籍、不同阶级地位的人，在残酷的战争面前截然不同的人性。

自首演以来，该剧已连续17年在每年12月13日前后上演，先后荣获国家舞台艺术精品工程优秀剧本奖、全国话剧优秀剧目展演一等奖等多项荣誉。

直播时间：12月11日19：30。

扫码观看直播

民族音乐会《火祭·南京1937》

该音乐会由南京民族乐团演出。作品分上、下半场进行，其中上半场由作曲家赵季平创作的《第二交响曲》中的《金陵·大江》《江泪》《江怨》《江怒》四个乐章组成，下半场演绎谭盾创作的胡琴与乐队协奏曲《火祭》。

其中，《火祭》是谭盾根据自己1995年为电影《南京1937》创作的配乐重新编写的，采用了谭盾独创的"交响戏剧"和中国唐朝宫廷演奏仪式相结合的形式，在胡琴和乐队、打击乐器、人声交相呼应对比下，形成了强烈的音乐效果，以示对人类战争灾难的祭奠。

直播时间：12月12日19：30。

扫码观看直播

（《现代快报》记者 李鸣 通讯员 赵洁）

1937 碑记忆

"南京大屠杀遇难同胞纪念碑前后立了多少座？25 座。"江苏省社会科学院研究员孙宅巍自问自答。20 世纪 80 年代初，他一脚踏入南京大屠杀历史研究领域，从考索文献到田野考察，寻碑、立碑，一度成为他的工作内容之一。

纪念碑是凝固历史记忆的标志性建筑，这些碑，或建于屠杀地，或建于丛葬地，他都一个一个实地走访过。走近这些碑，就走近了那段不容忘却的历史。

孙宅巍

寻碑

孙宅巍最早关注纪念碑是在 1983 年。这一年他被江苏省社会科学院历史研究所派去参加由南京市政府组织的南京大屠杀"编史、建馆、立碑"工作。

在前一年，日本篡改历史教科书，把"侵略中国"改为"进入中国"，激起了中国人民的强烈愤慨，进而引起了一场维护历史真相还是否认历史事实的较量。"编史、建馆、立碑"，正是对日本右翼的有力回应。

参加这项工作后，查找档案成了孙宅巍的日常工作。也就是在查阅档案的过程中，孙宅巍发现了两处曾被历史忽略的纪念碑踪迹。"以前我只知道下关电厂有一块纪念碑，没有想到在它之前其实还存在两处纪念碑"。

孙宅巍说的下关电厂纪念碑全名是"首都电厂殉职工友纪念碑"，该碑建于1947年4月，由扬子电气股份有限公司为南京大屠杀中遇难的45名首都电厂工人所建。其纪念物为一根高耸的纪念旗杆，与作为旗杆基础的"殉职工友纪念碑"。纪念旗杆与纪念碑立于电厂门口的花圃之中，纪念碑上刻有45位遇难职工的姓名。

但这并不是我们现在看到的纪念碑。我们现在看到的纪念碑是1951年6月重建的，名为"死难工人纪念碑"，原建纪念旗杆与纪念碑都被拆除。

按立碑时间先后，"首都电厂殉职工友纪念碑"是国人为南京大屠杀遇难同胞所立的第三块碑。

"最早建的碑是草鞋峡无主孤魂碑，这座碑由世界红卍字会南京分会在1938年六七月份建立。"孙宅巍介绍说，草鞋峡，是指幕府山麓和八卦洲对岸江边的一块狭长地带，因形似草鞋得名。1937年12月13日，逃聚在下关沿江待渡的大批难民和已解除武装的中国士兵共57000余人遭日军捕获，悉被囚禁于幕府山下的四五所村。因连日惨遭凌虐，冻饿致死一批；继于18日夜全被捆绑押解至草鞋峡，用机枪集体射杀。少数伤而未死者，复被日军用刺刀戳毙；日军后又纵火焚尸。事件发生后，红卍字会南京分会为死难同胞收拾骸骨，就近埋葬立碑。

20世纪80年代，孙宅巍依据档案，按图索骥到草鞋峡实地考察，但墓及碑已不知什么时候毁去了，甚至连一点痕迹都没有留下，"只能根据文献资料，推断出它的大致位置"。孙宅巍找到拍摄于1946年的墓碑照片，从照片上能看到这块纪念碑为一长方体墓碑形条石，立于江边一座硕大的土堆丛葬墓前。碑文为"民国廿六年草鞋峡无主孤魂墓"。

同样荡然无存的还有灵谷寺东的"无主孤魂之碑"。这座碑立于1939年春。当时，任伪南京市政督办一职的高冠吾收集南京东郊灵谷寺、马群一带遇难者骸骨3000余具，以青砖砌成直径32英尺、高10英尺的扁圆形水泥坟墓。墓前立有一黑色墓碑，名为"无主孤魂之碑"，高氏亲撰碑文。但该墓因建筑简陋，又经风雨侵蚀，加之南京伪政权工费短缺，不克修缮，于1941年秋冬便崩毁了。"之后，有人想修好它，也画了图，这个图在档案里面都有，打了无数的报告，但伪政府始终拿不出钱来，这件事最终不了了之"。

20世纪80年代末，孙宅巍和老伴去实地考察，那一片坟冢无数，其中有弧形水泥墓圈残体倒地，他带着尺子去测量、计算，但终究无法确认那块残存墓圈是否为"无主孤魂之碑"的遗存。

立碑

"编史、建馆、立碑",是当年南京市政府提出的三项核心任务。1985年,筹备组在梳理档案资料、调查1756名幸存者与见证者的基础上,确立了15个立碑地点,它们分别位于:挹江门外绣球公园内、下关中山轮渡码头与1号码头沿江路边、煤炭港河汊口桥头、金陵造船厂东北角、草鞋峡、燕子矶公园内江边石矶山顶、中山陵风景区东南西洼子村、侵华日军南京大屠杀遇难同胞纪念馆内、雨花台烈士陵园左侧原普德寺遗址、上新河棉花堤江边、汉中门外秦淮河边桥头、河海大学校园内、鸡笼山南麓山脚下、武定门正觉寺遗址以及五台山体育场西南角。

死于南京大屠杀的同胞有30万人,孙宅巍"估摸了一下,大概数量较大的集体屠杀和埋尸地点有100多处",那么,为何会选中这15处地点呢?

孙宅巍解释说:"主要是选择屠杀人数较多及比较有代表性的地点。"他解释,如草鞋峡、燕子矶,被集体屠杀者均达五万之巨;普德寺遗址、西洼子村等处,埋葬遇难者尸骸均在万具以上;鸡笼山北极阁位于市中心,可证当时尸盈大街小巷;正觉寺遗址当时则有十余名僧人遇害。

在这15座纪念碑之后,南京各地又陆续增加了7块纪念碑,分别位于:南秀村南京大学天文台旁边、中央门外张王庙40号广东山庄墓园、中华门外功德园入口右手处、汤山湖山村、汤山西岗头、东郊云盘山脚下仙鹤门村和玄武湖东岸的太平门附近。

这前后25处纪念碑,有18座立在遇难同胞遭集体屠杀的地方,有7座立在丛葬地。孙宅巍指出,像中山码头遇难同胞纪念碑所在的地方,就属于侵华日军南京大屠杀遗址之一。当时避居国际安全区的青壮难民,在此惨遭杀害者,达万人以上。其中,1937年12月16日傍晚,日军从避居于原华侨招待所的难民中,捕获所谓有"当兵"嫌疑者5000余人,押解于此,用机枪集体射杀后,弃尸江中。12月18日,日军又从避居于大方巷之难民中,搜捕青年4000余名押解于此,复用机枪射杀。在此前后,日军还于南通路北麦地和九甲圩江边,枪杀我难民800余人。当时,码头顿成鬼域,同胞罹难枉死!

而中山陵风景区东南西洼子村的纪念碑,则建在一处丛葬地。1937年12月,南京东郊一带惨遭杀害的无辜同胞,尸蔽丘陇,骨暴荒原,因久无人收,而至腐烂腥臭。1938年4月,始由崇善堂等慈善团体从事收殓。他们从中山门外至马群一带收尸33000余具,就地掩埋于荒丘或田野。

这些纪念碑,不仅有各级政府及相关单位承建,还有两块由村民自发捐建。一处是湖山村遇难同胞纪念碑,这座碑建于2005年8月,64位遇难者姓名刻于背面;一处是西岗头遇难同胞纪念碑,该碑建于2005年12月,纪念37位遇难同胞。"这既是出于对先辈的缅怀和思念，也是对日本右翼势力言行的抨击。这是我们国民意识的进步。在这里，我们能看到个体，看到家庭，看到国家。"孙宅巍说。

问碑

太平门遇难同胞纪念碑是迄今为止立下的最后一块纪念碑。

2007年，日本友人松冈环到访南京。在这次访问中，她提出，日军曾在太平门进行大屠杀，但那里还没有一块碑，她愿意捐钱在太平门附近立下纪念碑。

1937年12月13日，日军第16师团步兵第33联队第6中队等侵华日军部队在南京太平门附近，将约1300名放下武器的中国官兵及无辜的市民集中起来，用铁丝网围住，之后用事先埋好的地雷炸、机枪扫射，再浇上汽油焚烧，次日，日军复对尸体检查，对濒死者用刺刀补戳致死。太平门集体屠杀中无一同胞幸存。

在松冈环和旅日华侨代表林伯耀的推动和支持下，"太平门遇难同胞纪念碑"终于在这年12月落成。

每一块纪念碑，凝固的都是一个历史瞬间；每一块纪念碑的背后，都是一段让人悲愤难抑的血泪历史。孙宅巍从1983年开始寻碑、立碑，到现在已过去近40年。对于纪念碑，他认为，其实还有很多事情没有做完。

2008年3月7日，正因糖尿病在省级机关医院住院治疗的孙宅巍，趁着治疗间隙，让女儿带他去老下关看看纪念碑。这次，他抄录了碑文及碑上所刻死难者名单，记录了碑墙保护状况，拍摄了纪念碑照片。

1985年后修建的纪念碑，绝大部分碑文的拟定，孙宅巍都亲身参与。而老下关的这块纪念碑为1951年重新树立，碑文中带有浓厚的时代痕迹，"今天读来，并不是很妥帖"。基于此，孙宅巍曾向有关部门提议，重新审查各纪念碑的碑文，凡有不妥之处，应尽早加以调整。

而对于损毁的纪念碑，孙宅巍也建议有关部门能加以修复。"如灵谷寺纪念碑，它是3000余位遇难者的归葬处，我建议能在原有的地点，依照原有的风貌，加以修复"。

除了这25处纪念碑外，孙宅巍还建议再多建几处新碑，"比如殷山矶有一座高约5米、直径约10米的大坟包，里面埋葬着100多名被日军残杀的同胞。这里还是有建新碑的价值的。作为史学工作者，我希望能够在100多处屠杀和埋尸处再修建部分纪念碑。毕竟，纪念碑是凝固历史记忆的标志性建筑，纪念碑的背后是让国人刻骨铭心的历史。"孙宅巍说。

(《扬子晚报》记者　臧磊)

南京大屠杀再添史料新证！
亲历者回忆录手稿首度公开

第九个南京大屠杀死难者国家公祭日前夕，最新出版的核心期刊《文学研究》2022年10月版，刊发了学术论文《〈难民回忆录〉的文史价值刍议》，该文对南京大屠杀亲历者吴雁秋的回忆录手稿进行了评析，这也是珍本《难民回忆录》的首度公开，南京大屠杀再添史料新证。12月9日，《扬子晚报》记者联系上了论文作者黄静，回溯了《难民回忆录》手稿的发现和考订始末。

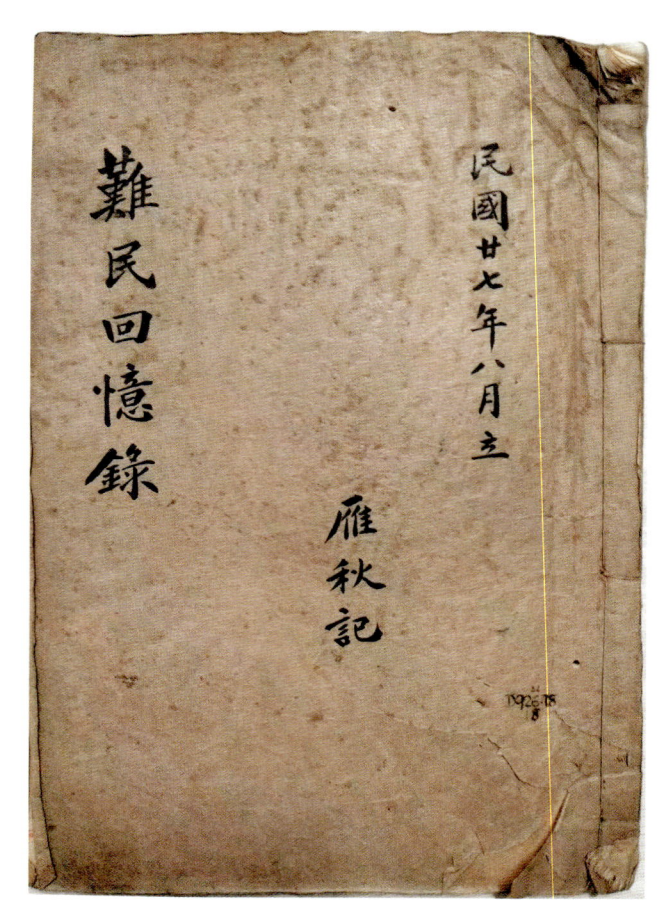

《难民回忆录》封面

《难民回忆录》手稿共 19137 字，全文手书，含封面封底仅 33 页，但字字千钧。手稿以日记的形式记载了 1937 年 8 月 15 日至 1938 年 3 月 24 日期间，作者吴雁秋一家人南京—六合—南京流亡的经过。其间种种遭遇、见闻和感想均有记录，最后署"雁秋记廿七年三月于五间厅住宅"。由此可见，作者安顿下来旋即进行了回忆录的写作，当属南京大屠杀史料中较早的一份一手资料。

这本《难民回忆录》是黄静在南京大学文学院图书馆特藏库中发现的。"最初发现这本书，是在 2021 年的冬天。"黄静告诉记者，自己作为该馆的工作人员，打算对特藏库的资料目录数字化，"当时我发现了一本薄薄的线装册子，油纸封面端端正正三列手写体，从左至右分别是'难民回忆录、雁秋记、民国廿七年八月立'。"

"我心中存疑，便将这薄薄的册子粗粗浏览一遍，这才发现它不是一本普通的回忆录，而是 1937 年南京大屠杀中某个亲历者手书的一部个人逃难史。"

手稿书写工整，虽然记录日期偶有误差，但无论是对那段惨绝人寰的历史情状的描摹，还是对时局和社会的分析，对设立难民区的前因后果，以及对乡村匪患、船票飞涨等时事世风的记录等，都以实录文字为还原历史提供了许多可贵的真实细节。

"举个例子，《难民回忆录》里，'幸'字用了 32 处，最特殊的是第一处的'幸'字，'所幸内人在乡间产生一女，出世即亡，否则多一累赘'。表层看是作者意图表达'庆幸''万幸'，但读者反而更加同情作者言外的悲凉之情。"黄静表示，复杂人性和道德在战争摧残下的无奈与痛楚，《难民回忆录》中多有记录。

整理文稿，查阅资料，并撰写成学术论文，黄静花了整整一年。"我在各数据库中粗略地检索了一下，现存已出版的书刊中均未发现同名资料。在南京大屠杀这个历史事件过去近 85 年之际，在留存世上的幸存者不足百人、一代人的记忆都已模糊的今天，在幸存者的口述史业已穷尽之时，这本册子的发现显得尤为重要，东京审判又将多一份迟到的证词。"

（《扬子晚报》记者　杨甜子）

《难民回忆录》手稿背后，追访"尘封"的过去
——写下《难民回忆录》的吴雁秋，到底是谁？

作者是侵华日军罪行的官方记录者

写下《难民回忆录》的吴雁秋，到底是谁？仔细看过全文的黄静，借助南京大学提供的海量数据库，通过资料考订和查证，整理出了吴雁秋的个人信息：吴雁秋，男，祖籍南京，生于1893年，南京大屠杀的亲历者，家住南京老城南门西片区的太平街11号。南京沦陷前任职于国民政府最高法院，国民政府西迁时失业。南京大屠杀期间除母亲留守城内之外，举家避难六合，回城后小本经营谋生，并写作《难民回忆录》。抗战胜利后任南京第四区第三十一保保长。

"保长"加重了手稿作者的分量，为吴雁秋赋予了民间和官方的双重见证者身份。他不再只是一个南京大屠杀的亲历者，也不仅是南京大屠杀历史中，作为南京沦陷时期的平民写作《难民回忆录》的个人史书写者。作为抗战胜利后第四区第三十一保保长，吴雁秋的另一

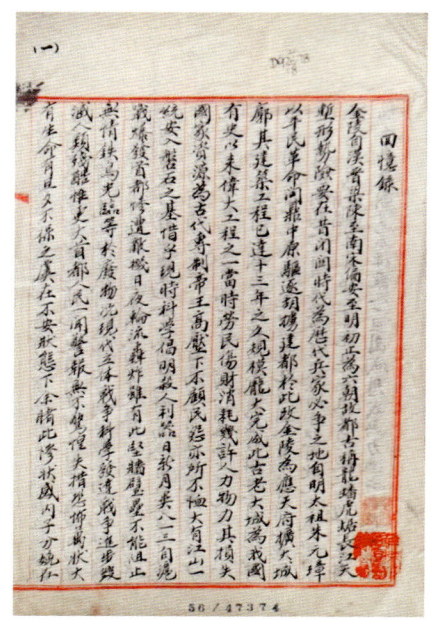

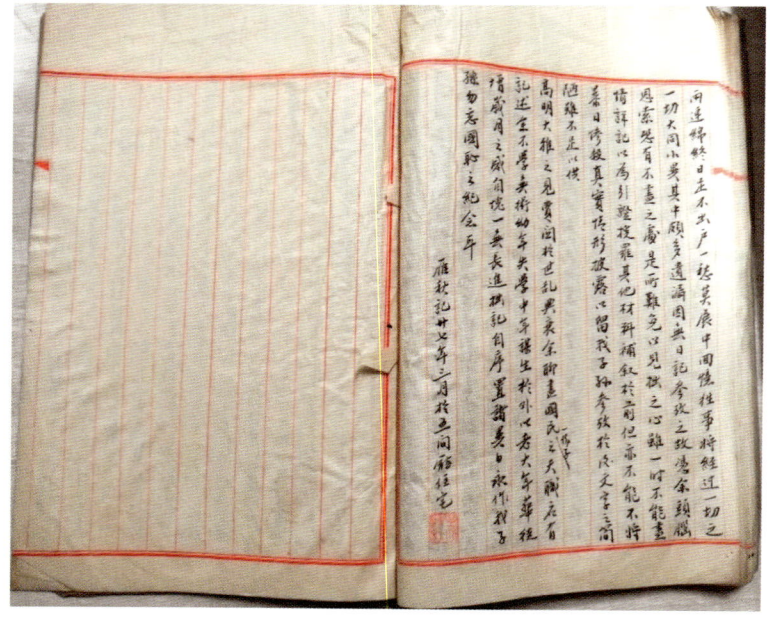

《难民回忆录》内页

个重要身份,是侵华日军罪行的官方记录者,负责该保区域内的罪行调查的他,用自己的文字记录下了侵华日军的罪行。

"手稿中有增删,墨迹有深浅,可以看出并非当时或一时修改的。可见在成文以后作者又反复阅读并推敲过文字。"细心的黄静还注意到,吴雁秋曾在南京解放后,于1949年4月,为这本《难民回忆录》补上了新的一页。在回忆录的最后一页,吴雁秋写下"今幸我解放军以解放全国为目的,救民于水火,南京获得解放……"

这本书为何被"尘封"多年?

"这段未完稿依内容可推断写作在1949年4月之后,因此到此时手稿尚完好地保存在作者手上。"带着学术考据的态度,黄静还追溯了这本书的流传过程。"我们在文学院图书馆能查询到的最早的登记记录,是20世纪80年代管理员造册的珍善本目录,第二次记录为1997年9月23日的一份管理员换岗的珍本交接清单。据此,至少我们能够相信《难民回忆录》在流入南京大学以后受到了妥善保管。"

这本《难民回忆录》为什么被"尘封"这么久没有进入学界视野?黄静分析,这与图书馆的特点有关。首先特藏库是依目录卡片闭架借阅,而工作人员的例行盘点"一般仅根据原始登记卡片核对书名、登录号,确认无误,这条记录便完成了"。黄静介绍,早先用于检索的目录卡片,除了常规的索书号和登录号外,只有"回忆录,作者雁秋"字样,读者根据卡片无法推测这是一本什么样的书,封面的时间也只会让人想到抗日战争的某个时期。"我想这应该是多年来该书束之高阁的原因之一。"

此外,到南京大学文学院查找线装特藏资料的读者,多半为文学院古典文学和古典文献学专业的师生,查阅目的性明确,文学院几万册线装书,一本民国时期不知名作者的作品很难进入他们的视线。"该册子一直存放于珍本柜,其珍贵性显而易见。册子被发现价值是因为我们考虑将资料数据化工作尽可能地完善起来,每个环节都要比以往更加细致。"黄静说。

整理成多篇学术论文后,黄静的这一学术成果很快得到学界认可,并刊发于《文学研究》8卷2期。"《媒介批评》学术辑刊也已经发来了用稿通知,手稿全文和更多考订细节将于年后刊发。"黄静说。

专家:同期史料中较为稀有,对史学叙事做了细节补充

据悉,目前关于南京大屠杀的早期文献,除了各种公文,民间以往公开的日记或回忆录的主体大多是第三方观察家,如在日军进入南京后,仍然留在南京的外国传教士和商人等。对难民和保护难民的行为记录,除了被纳入《世界记忆名录》的《程瑞芳日记》外,亲历者记录中较常见的是口述史,因与历史事件相隔久远,其真相细节会随着岁月的流逝而模糊。吴雁秋作为南京大屠杀的亲历者写下的《难民回忆录》手稿,其珍贵的文献价值不言而喻。

南京大屠杀《遇难同胞名录》主要编纂者、南京大学教授姜良芹表示,这一本《难民回忆录》手稿,对于南京大屠杀后期有着较为细致的记录,在同期的历史资料中较为稀有。回忆录的作者吴雁秋在记录时,注意到了日军暴行的细节,无论是史料的形成时间、内容记述,还是作者记录历史的姿态,都使《难民回忆录》具有了独特的价值。"面对日军暴行,普通难民如何应对,回忆录的作者在文字中做了细节记录,这有利于我们重新认识日军侵华战争,认识日军侵华给百姓带来的苦难,对目前的史学叙事起到了细节补充的作用。"

南京大学文学院教授、博士生导师吴俊表示,《难民回忆录》的史料价值具有综合性,不仅是对南京大屠杀的记录,还具有一定的社会学价值、地域文化价值。黄静有着跨学科的敏感性,对于《难民回忆录》的内容、细节都做了详细的考订和落实,为年轻学者如何进行文献研究提供了范例。

(《扬子晚报》紫牛新闻记者 杨甜子)

南京师生 4 年接力拍摄《紫金草》，28 年来传递和平的信念和期许

由南京晓庄学院新闻传播学院创作的纪录片《紫金草》，日前获得中国高等院校影视学会第十二届"学院奖"纪录作品单元奖。该片由孙涛导演，晓庄学院新闻传播学院束燕凌、赵茜雅、唐子怡、刘天豪、耿雨乾、魏裕海、饶雨桐、王琪主创。该片采用纪实手法，跟踪拍摄、记录了紫金草志愿讲解服务队三个年级部分队员成长的历程。记者采访主创，了解到幕后的创作故事。

南京晓庄学院志愿讲解服务队成员

28 年来，500 多名晓庄学生加入"紫金草"

紫金草生长于南京紫金山下，后来逐渐被赋予"拒绝战争，祈愿和平"的意义，紫金草行动目前也已成为悼念南京大屠杀死难者活动中，民间自发参与者最广的一项志愿者公益行动。

在侵华日军南京大屠杀遇难同胞纪念馆的每一个开馆日，都可以看到这样一群人，他们身着紫色制服，胸前佩戴紫金草徽章，活跃在讲解、引导、急救等多个志愿服务岗位上。他们中有教师、医生、主持人、公务员、学生。其中，南京晓庄学院志愿讲解服务队成立于1994 年，是侵华日军南京大屠杀遇难同胞纪念馆紫金草学雷锋志愿服务队的重要组成部分，成员全部来自该校新闻传播学院的在校生。28 年来，总计 500 多名大学生先后加入志愿讲解工作的行列，每年有 20 余位青年志愿者利用双休日和节假日，前往纪念馆和相关场所为参观者进行义务讲解，服务队因此先后获得"江苏省青年志愿者行动先进集体"和"全国学雷锋志愿服务先进集体"等光荣称号。这部片子就讲述了他们的故事。

"我觉得这段历史应该由我们这一代来传承和讲述，所以我报名参加了晓庄学院的志愿讲解队。"他们面对镜头讲述了内心如何看待这份工作。

其中有幸存者后代，"历史和期许，我们来守护和传播"

晓庄志愿讲解服务队每年都会有一些老队员因毕业而离开，也不断会有新鲜血液加入进来。穿上紫色背心、戴上讲解器，他们庄严承诺："我承诺，尽己所能，不计报酬，帮助他人，服务社会，践行志愿者精神。"2018 级紫金草志愿讲解服务队队员葛薇说，讲解员是纪念馆与观众沟通的桥梁，在这个过程中，不仅可以帮助纪念馆向观众传达一些历史知识，也能让观众更深刻地了解这段历史。

2019 级紫金草志愿讲解服务队队员张令仪说，来参观的有很多小孩子，叽叽喳喳的他们看到一半不再说话，特别认真地看文字，不懂的地方还会主动问：姐姐，这个图片背后的故事是什么？孩子愿意去了解这段历史，队员们就会觉得自己的工作真的有教育意义，他们愿意去了解并传承，这才是历史存在的最大价值。

有些同学的家庭还和这段历史有着特定联系。从晓庄学院毕业的马雯倩，她的祖奶奶是南京大屠杀的幸存者马秀英，志愿者身份对她来说更是意义非凡。"1937 年她只有 16 岁，在那场灾难中她失去了三哥。每到纪念日，她都会哭着对我们讲起她的经历，她的腿上就留有当时日军留下的刀疤。"马雯倩说，"她希望孩子们一辈子都平平安安的，再也不要发生战争。和其他幸存者一样，她正在慢慢老去。我觉得，他们的过去和对未来的期许，是需要我们来守护和传播的。"

漫长而极具挑战的拍摄任务由师生合作，接力传承

采访中，该片导演孙涛跟记者讲述了纪录片拍摄的艰难幕后。为了更好地记录和反映这支志愿讲解服务队的日常活动，2018年，南京晓庄学院新闻传播学院组织2016级的5位同学，申报立项了江苏省高校大学生创新训练计划重点项目《大学生群体参与南京大屠杀遇难同胞纪念与宣传志愿者活动影像调查》，为此开始了漫长而又颇具挑战性的任务。

孙涛表示，虽说这些同学全部来自广电专业，但长时间跟拍各种现场，不仅考验专业的创作能力，更需要足够的耐心和勇气，去抓住有价值的人物呈现故事脉络。

2022年年初，作为学院一直负责这个项目策划和创作指导的专业教师，孙涛连续工作半个月，从近10位同学拍摄的300G视频素材中整理、剪辑、制作出这部25分钟的纪实作品《紫金草》。

"铭记历史，珍爱和平。"孙涛表示，这部师生合作、联袂创作的纪录片，因为疫情防控等诸多原因，还存在不少遗憾之处，但作品为国内外人士了解和铭记南京大屠杀这段历史，传承、激发世界和平的永恒信念，提供了一个全新的视角和鲜活的现实影像故事。

（通讯员　姚群民　《扬子晚报》紫牛新闻记者　张楠）

国家公祭日主题海报亮相街头

日前，市民从江东中路路边的国家公祭日主题海报前走过。国家公祭日将至，侵华日军南京大屠杀遇难同胞纪念馆周边的道路旁、公交车站、户外广告牌等处，出现"牢记历史　不忘过去　珍爱和平　开创未来""维护世界和平　促进共同发展"等内容的主题海报。

（《金陵晚报》记者　段仁虎）

张纯如丈夫和美国典当店老板发来视频，读完《南京浩劫》，他们希望更多人一起守护和平

2022年是南京大屠杀惨案发生85周年，2022年12月13日是第九个南京大屠杀死难者国家公祭日。此前，《现代快报》发起"云阅读"《南京浩劫：被遗忘的大屠杀》活动，引发海内外网友关注。张纯如丈夫布雷特·道格拉斯、美国典当店老板埃文·凯尔发来视频，分享他们的阅读感受和对这段历史的了解。

张纯如丈夫布雷特·道格拉斯：纯如让我了解了这段历史

在遇到张纯如之前，在美国长大的道格拉斯对南京大屠杀这段历史并不了解。"1989年，我们和一对夫妇聊天，其中那位丈夫来自中国，他讲到了日本在南京的暴行，当时纯如说她从父母那里也知道了南京大屠杀这段历史，并打算写一本书。"道格拉斯说。他回忆，1995年张纯如只身来到南京，采访南京大屠杀幸存者，并寻访日军暴行的发生地。

令道格拉斯印象很深的一件事是，《南京浩劫：被遗忘的大屠杀》这本书出版后引起轰动，很多人寄书或者写信给他们，其中有几十本关于日军暴行的书。2004年，张纯如永远地离开了，道格拉斯把这些书捐给了伊利诺伊大学图书馆，这之后他还是时常能收到大家寄来的书。

他说："今年是南京大屠杀惨案发生85周年，这么多年过去，世界发生了很大的变化，人们受教育的程度越来越高，也更加尊重生命，希望有更多人了解这段历史，一起来守护和平。"

美国典当店老板埃文·凯尔：希望能为和平做力所能及的事

2022年9月1日，美国一家典当店的老板埃文·凯尔在社交平台上发布视频，称收到一本要求寄售的二战时期的相册，内含30余张记录日军侵华的照片，引发全球关注。11月，他将这本相册无偿捐献给中国驻芝加哥总领事馆，这一行为受到广大网友称赞。

在看到《现代快报》发起的共读活动后，埃文·凯尔也在第一时间发来了视频，参与共读。埃文曾在大学里主修过日本研究这门课。对于《南京浩劫：被遗忘的大屠杀》这本书，他表

示在大学期间看过其中的部分内容，他还记得当时教授告诉大家，关于这段历史的照片非常有限，而且大多是黑白的。毕业后，出于兴趣，埃文会有意识地关注这段历史。"我非常喜欢的一档美国播客节目，曾经做过三期关于《南京浩劫：被遗忘的大屠杀》一书的内容分享，每当有人问我有关这段历史的故事，我总会先推荐他们去听听这三期内容。"

2022年11月，埃文无偿捐出了相册，他期待能够以此为起点，为中美两国未来的友好往来做出贡献。2023年，他想来一趟中国，看一看南京这座城市，参观一下侵华日军南京大屠杀遇难同胞纪念馆。

如今埃文已成为一名在海内外颇具影响力的博主。"《南京浩劫：被遗忘的大屠杀》这本书意义重大，张纯如向世界揭示了这段历史的残酷，如今我活跃在社交媒体上，也希望为和平做力所能及的事，未来我还会继续关注这段历史。"

网友积极参与：一起加入共读，传承这段历史记忆

"张纯如，您的正义之举国人不会忘记，南京人民更不会忘记。""共读，为了这段不容忘却的记忆。""这本书已被列为我的12月阅读书单。"……《现代快报》发起共读活动后，不少网友发来留言，希望一起加入共读活动，传承这段历史记忆。

来自孟加拉国的工程专家尼哈德，曾在南京航空航天大学攻读硕士。他在来到南京后，才了解到南京大屠杀那段历史，也知道了《南京浩劫：被遗忘的大屠杀》这本书。"这本书太让我心痛了，它呈现了当年日本对中国的残暴行径。我们要从过去的错误中吸取教训，携手创造美好的未来。"他说。

来自英国的读书博主詹姆斯·伯格曼发来视频，他说："《南京浩劫：被遗忘的大屠杀》于1997年首次出版，从书中我知道了侵华日军对中国的暴行有多可怕，这本书是伟大的。"

（《现代快报》记者　徐梦云、冯茜、王新月）

400张手绘画稿、手翻1200次，2022年国家公祭日主题短视频《历史的凝视》发布

初冬暖阳下的挹江门，车水马龙、人来人往，一派繁荣景象。随着画面骤然"翻转"，时光倒回到85年前，血色寒冬中，满目疮痍的挹江门下，侵华日军的铁蹄破城而入……2022年是南京大屠杀惨案发生85周年，在第九个国家公祭日前夕，一部传递记忆、展望和平的翻纸动画《历史的凝视》今起在紫金山新闻客户端等多个平台发布。

该视频由南京市委宣传部指导，南京报业传媒集团、侵华日军南京大屠杀遇难同胞纪念馆出品，南京大学外国语学院、南京大学拉贝与国际安全区纪念馆支持，龙虎网制作。

视频以南京大屠杀历史记忆传承人马雯倩和南京大学外国语学院德语系研一学生张焱阳为主视角。马雯倩是个"95后"，地道的南京人，她的曾祖母马秀英是一位南京大屠杀幸存者，于2021年10月19日离世，享年99岁。1937年侵华日军进城时，马秀英是个十几岁的孩子，她和母亲随难民们一起逃向安全区。在路上，她看到路边全是尸体。她的三哥被日军抓走，再也没回来。大学时期，马雯倩担任了侵华日军南京大屠杀遇难同胞纪念馆的志愿讲解员。2022年8月15日，日本宣布无条件投降77周年纪念日当天，马雯倩和另外12位南京大屠杀幸存者后代成为首批南京大屠杀历史记忆传承人。

位于南京大学鼓楼校区南园的拉贝旧居，既是拉贝先生在侵华日军南京大屠杀期间救助南京难民的场所，也是他目睹日军暴行、写下著名的《拉贝日记》的地方。2021年，由南京大学外国语学院德语系牵头的"拉贝日记与和平城市"团队启程。之后，团队足迹遍及国内外6座城市，形成11万字的调研报告；团队开展和平教育课程与活动30多场，涉及全国10个省份、覆盖2万余名青少年。作为团队的学生负责人，张焱阳全程参与了这一项目。

随着马雯倩和张焱阳的手掌交互翻动，马秀英在85年前的悲惨遭遇和南京大屠杀的历史场景一一呈现，同时，拉贝先生和众多国际友人冒着风险保护南京民众的大爱义举也成为至暗时刻带来希望的微光。在片尾，翻纸动画又将挹江门、中山门、中华门从当年的黑暗岁月"翻"回到今天的和平景象，和平鸽振翅翱翔蓝天，寓意传递历史记忆、展望和平未来。

翻纸动画使用了400张手绘画稿、手翻1200次、定格拍摄2000张照片，制作团队经过200多个小时奋战才最终呈现。参与拍摄的马雯倩和张焱阳表示，青年一代不能忘却在战火中失去生命的人，不可辜负为和平事业做出贡献的人，必须守护传承这份不能忘却的记忆，捍卫不容否认的历史真相，维护来之不易的和平。

（《金陵晚报》紫金山新闻记者　余梦迪）

首度以侵华日军南京大屠杀遇难同胞纪念馆为叙事主体，纪录片《铭记》12月13日开播

2022年是南京大屠杀惨案发生85周年，在第九个南京大屠杀死难者国家公祭日来临之际，由中共江苏省委宣传部、江苏省广播电视总台联合出品的纪录片《铭记》，将于今晚在江苏卫视、荔枝新闻等平台播出。

自2014年以来，作为国家公祭日举办地、南京大屠杀发生地的主流媒体，江苏广电总台连续推出了多部以南京大屠杀为题材的大型电视纪录片，包括《1937南京记忆》、《外国人眼中的南京大屠杀》、《幸存者——见证南京1937》（第一辑、第二辑）、《正义之剑——战后对日战犯审判档案解密》、《幸存者说》、《南京之殇》、《黑暗时刻：我们在南京》等。

2022年推出的纪录片《铭记》再次更新视角，首次以侵华日军南京大屠杀遇难同胞纪念馆为核心叙事载体，从南京大屠杀死难者家庭祭告到南京城祭，再到国家公祭，探讨守护、传承南京大屠杀历史记忆的现实意义和当代价值，宣示中国人民牢记历史、不忘过去、珍爱和平、开创未来的坚定立场。

当我们凝望历史，历史也在凝望我们。凝望着30万南京大屠杀遇难者血与泪、辱与痛牵引出的历史记忆，人们会想到什么，会记住什么，会留下什么？这一切，对今天的世界又意味着什么？该片带领观众走近南京大屠杀惨痛记忆的亲历者、挖掘者、研究者、传播者以及普通参观者，倾听他们的记忆故事，从纪念馆建设、展陈设计、重点文物、历史研究与国际传播、国家公祭等多个角度，推开"记忆之门"，在不断铭刻、擦亮南京大屠杀历史记忆的过程中，铭记历史、呼唤和平。

自2014年首次南京大屠杀死难者国家公祭仪式在侵华日军南京大屠杀遇难同胞纪念馆举办以来，侵华日军南京大屠杀遇难同胞纪念馆和古城南京在人类文明史上的"记忆空间"和"历史坐标"作用，得到进一步确立和巩固。如今，这里已成为全世界围绕南京大屠杀进行研究、展陈、发布、表达的中心，亦是国际公认的二战期间三大惨案纪念馆之一。

纪念馆一期设计者、建筑学家齐康，出生于1931年。1937年，6岁的他，生活是在日军的飞机轰炸和逃难中度过的，他的父亲齐兆昌1937年更是留在了南京，见证了那段惨痛历史。

他忆起第一次去纪念馆馆址时，那里还是一片荒地，周围没有任何建筑，"地上一挖，白骨就有了，所以我就用'生与死'来表现，'生'就是草坪，'死'是鹅卵石，中间还有枯树，还有母亲在寻找自己的子女（雕像）。"

2005年，抗日战争胜利60周年之际，中国工程院院士何镜堂主持设计了侵华日军南京大屠杀遇难同胞纪念馆的第二期扩建工程。二期工程历时2年多，扩建后的新馆占地面积为原先的4倍。

主陈列馆位于最东端，是一个斜插入地面的三角形。何镜堂团队保留了施工发现的19个南京大屠杀遇难者遗骸发掘点，并在其上方特意开了一处天窗，把它命名为"苍天有眼"。

2022年9月21日，侵华日军南京大屠杀遇难同胞纪念馆增加了一个别具巧思的新作品——一棵会"唱歌"的树。游客坐在树下东、西、南、北四个方向，分别能听到四段不同主题的音乐。

设计者南京大学建筑与城市规划学院教授鲁安东回忆："有一天，我从冥思厅参观出来，往北看，可以看到'胜利号角'雕像；往西边，是和平女神雕像；南边的紫金草草坡，体现了一个民族的绵绵不绝的生命力。我想如果能把四个景、四种叙事和体验汇聚到一个点，让它成为整个馆的一个枢纽，它会是亲切而宏大的。"

侵华日军南京大屠杀遇难同胞纪念馆馆长周峰、原馆长朱成山、原副馆长段月萍，南京师范大学副校长、南京大屠杀史研究学者张连红，南京大学历史学院院长、南京大屠杀研究学者张生，参与公祭鼎设计的南京艺术学院教授邬烈炎等众多与纪念馆渊源较深的人们，都在片中现身讲述有关纪念馆建设、展陈设计、国家公祭等的回忆。

该片从策划到播出历时1年，为了呈现更多生动细节，摄制组长期在侵华日军南京大屠杀遇难同胞纪念馆蹲守进行实地拍摄，在国内外采访了10余位亲历者、见证人，搜集了大量珍贵档案和原始影像，对纪念馆建馆37年来的数万条参观者留言进行了整理和选择，作为重要叙事线索，从个体情感、国家公祭、世界记忆遗产3个层面，串联起南京大屠杀历史记忆的现实意义和当代价值。片名《铭记》，正是受到参观者最高频留言词汇的启发。中国书法家协会主席孙晓云专门为该片题写片名。

（荔枝新闻）

铁证如山！这些文物讲述南京大屠杀真相

侵华日军南京大屠杀遇难同胞纪念馆的 19.2 万余件馆藏文物史料、1216 套 6318 件国家珍贵文物，记录着任何淡化、粉饰、歪曲、否认都不可改变的历史真相。

外国人镜头记录下的屠城影像、侵华日军拍摄的战场照片、250 位侵华日军士兵的口述音像、远东国际军事法庭上的呈堂证供……2022 年 12 月 13 日，"为了共同的记忆——侵华日军南京大屠杀遇难同胞纪念馆海外征集藏品展"将在南京拉开帷幕。记者提前探展，揭秘文物史料背后的故事。

约翰·马吉影像

南京大屠杀期间，美国牧师约翰·马吉用一架 16 毫米摄影机，悄悄地将镜头对准了遭受日军暴行的南京市民，记录下日机轰炸南京、日军搜捕青壮年、日军暴行受害者在医院治疗

南京安全区国际委员会委员、美国牧师约翰·马吉拍摄南京大屠杀暴行所用的电影摄影机（新华社记者 孙参 摄）

等珍贵画面。1946年，远东国际军事法庭在东京审判日本战犯，约翰·马吉出庭作证，其拍摄的影像资料也成为呈堂证供。

1991年，美国南京大屠杀受难同胞联合会会长邵子平，在约翰·马吉之子大卫·马吉家的地下室里发现了胶片。2002年，约翰·马吉的摄影机及部分胶片由大卫·马吉捐赠给纪念馆，摄影机和胶片后于2015年入选《世界记忆名录》。2019年，经过进一步挖掘整理，37分钟版的马吉影像入藏纪念馆。

约翰·马吉塑像及1938年5月美国《生活》杂志刊登的10幅由约翰·马吉胶片翻拍的南京大屠杀照片（新华社记者 孙参 摄）

约翰·马吉的胶片盒等文物（新华社记者 孙参 摄）

"37分钟是目前已知时长最长、内容最全的版本之一，影片中有在南京鼓楼医院接受救治的受害者数量、幸存者伍长德的动态影像、幸存者夏淑琴亲人遇难的现场等内容，极具文物和文献价值。"南京师范大学南京大屠杀研究中心主任张连红说。

堀越文夫相册

2008年5月,一个名叫冈崎俊一(化名)的日本人来到纪念馆捐赠了一本相册。他说:"这是第一次拿给世人看。"

这本相册来自他的父亲堀越文夫。1937年,日本银行职员堀越文夫被征召入伍,编入侵华日军第101师团第149联队,当年9月他从上海登陆,曾参与进攻上海和南京,收集保存了日军侵略中国的相关照片。此后,堀越文夫在江西患肺结核,1939年回到日本。

相册内共有125张泛黄的历史照片,其中5张照片直接反映了南京大屠杀暴行,包括南京紫金山下中国人尸体堆积如山,日军在南京中华门悬挂"祝南京陷落"等标语,日军士兵持步枪刺刀站在中国人尸体旁炫耀等。

专家介绍,当时日军对官兵从中国战场回国实施清查制度,不允许官兵私带战场照片等物品回国。冈崎俊一表示,或许因那时父亲生病住院,未受到军事当局的检查而保存了这批照片。

相册中日军在南京中华门悬挂"祝南京陷落"等标语的照片

250名侵华日军士兵的口述资料

"我不想说""你回去吧"……1997年日本小学历史教师松冈环开始调查侵华日军在中国犯下的罪行时,"南京健忘症"出现在许多侵华日军士兵身上。这没有阻挡松冈环调查下去的决心,最终留下了250名侵华日军士兵的口述资料,而其中只有3人是真心悔过。2006年,松冈环将这批珍贵的口述资料捐赠给纪念馆。

几十年里，调查采访受害者和加害者，向包括日本人在内的各国人民讲述南京大屠杀历史，占据了松冈环生活的大部分时间和精力。面对日本右翼分子的攻击和威胁，松冈环说："正义和良心驱使我这样做。"

"如今，南京大屠杀的加害者大多已经去世，这些口述也成为加害方最后的自白。"纪念馆负责人表示，南京大屠杀实施者的口述史，与受害方幸存者、第三方欧美人士的口述相互印证，还原了南京大屠杀的历史细节。

诺兰档案

远东国际军事法庭的11名检察官来自不同国家。其中，加拿大检察官亨利·诺兰负责审理日本甲级战犯、南京大屠杀惨案元凶松井石根。他带领检方收集了大量证据指控松井石根在南京大屠杀暴行中负有主要责任，不断戳穿松井石根的谎言，最终将松井石根定罪。

旅加华人余承璋收集整理出33册3000多页"诺兰档案"，包括诺兰生平资料、证书和手稿等，并于2019年将档案捐赠给纪念馆。

"松井石根在法庭上表示他对南京大屠杀一无所知，但事实不会因巧舌如簧而消失。"纪念馆负责人表示，"诺兰档案"进一步彰显了南京大屠杀历史早有法律定论，不容篡改。

（新华社）

海外征集藏品展
在侵华日军南京大屠杀遇难同胞纪念馆开展，
5组珍贵藏品揭示南京大屠杀真相

美国牧师约翰·马吉拍摄的南京大屠杀历史影像、侵华日军士兵保存的日军暴行相册……2022年12月13日，"为了共同的记忆——侵华日军南京大屠杀遇难同胞纪念馆海外征集藏品展"在侵华日军南京大屠杀遇难同胞纪念馆开展。一批文物藏品，再现了多年来国际友人和爱国华人在海外为收集南京大屠杀文物史料而辗转奔波的经历。截至目前，馆内已有19.2万余件馆藏文物史料。

南京血证：马吉影像

在当年腥风血雨的日子里，美国牧师约翰·马吉用一台贝尔牌16毫米摄影机，悄悄地把镜头对准了遭受日军暴行的市民，并在场记中写下"必须小心谨慎地行动，拍摄时千万不可让日本人看见"，留下了南京大屠杀期间的珍贵动态影像。1938年年初，时任南京安全区国际委员会总干事乔治·费奇，将约翰·马吉拍摄的一部分影片胶片缝在大衣里，秘密带出南京，将侵华日军暴行公之于世。1946年，远东国际军事法庭在东京审判日本战犯，约翰·马吉出庭作证，其拍摄的影像资料也成为呈堂证供。

1991年，美国南京大屠杀受难同胞联合会会长邵子平，在约翰·马吉之子大卫·马吉家的地下室里发现了胶片。2002年，约翰·马吉的摄影机及部分胶片由大卫·马吉捐赠给纪念馆，摄影机和胶片后于2015年入选《世界记忆名录》。2019年，经过进一步挖掘整理，37分钟版的约翰·马吉影像入藏纪念馆。专家表示："这是目前已经发现的各种马吉影像版本中反映侵华日军南京大屠杀暴行最为全面、内容最为丰富的版本之一，具有重要的史料价值。"

加害者镜头下的暴行：堀越文夫相册

2008年5月，这本相册由堀越文夫之子冈崎俊一（化名）捐赠给纪念馆。冈崎俊一表示，父亲原是一名银行职员，1937年被征召入伍，编入第101师团第149联队，当年9月登陆上海，参加了侵占上海的作战。1938年8月20日，堀越文夫在江西患肺结核，1939年1月回日本。

当时日军对从中国战场回国的官兵实施清查制度，不允许官兵私带战场照片等物品回国。冈崎俊一表示，或许那时父亲生病住院，因此躲过了军事当局的检查而保存了这批照片。他在捐赠时称："这是第一次拿给世人看。"

相册内共有125张泛黄的历史照片，其中5张照片直接反映了南京大屠杀暴行，包括南京紫金山下中国人尸体堆积如山、日军在南京中华门悬挂"祝南京陷落"等标语、日军士兵持步枪刺刀站在中国人尸体旁炫耀等。

专家考证后认为，这些照片是由侵华日军士兵在南京大屠杀现场自己拍摄并保存的真实记录，是来源可靠、证据确凿的屠城血证，极具史料价值。

被封存的老兵记忆：松冈环采访资料

松冈环曾在日本担任小学历史教师，她发现日本教科书中甚少提及二战时日本对中国的侵略历史，这促使她在1988年第一次踏上中国的土地，试图寻找书中缺失的"碎片"。为了佐证南京大屠杀历史，她从1997年起在日本多地采访参加过攻打南京的日本老兵，向日本全国各地发出300封呼吁信，在东京、名古屋、大阪、广岛等地开设电话热线征集线索，每个周末携带器材去三重、奈良、大阪等地访问老兵，最终留下250名侵华日军士兵的口述资料。

这些侵略者的自白成为加害方"最后的口述"，与南京大屠杀幸存者证言和第三方人士记录相互印证，还原了南京大屠杀的历史细节。

松冈环采访侵华日军士兵的照片册（《南京日报》紫金山新闻记者　孙中元　摄）

向世界传播真相：西方媒体报道

在日军向南京城进攻之前，有 5 名勇敢的西方记者放弃了最后的撤离机会，义无反顾地成为南京城内的战地记者。他们以忠于真相、不惧牺牲的敬业精神与勇气，向读者传递了日军实施南京大屠杀的讯息。

第一个使用"大屠杀"一词报道日军在南京暴行的，是美国《纽约时报》记者德丁。1937 年 12 月 18 日，德丁从美国炮舰上用无线电拍发的新闻稿《关于南京大屠杀的报道："俘虏全遭杀害；日军在南京的暴行扩大"》登上《纽约时报》头版。

刊登日军在南京暴行的西方报刊，还有《生活》杂志、《读者文摘》等。这些 1937 年 12 月到 1938 年的欧美报刊，刊载了一篇篇有关南京浩劫的消息，证明南京大屠杀从发生之时就是国际新闻，受到国际社会的关注。

拆穿南京大屠杀主犯的谎言：诺兰档案

远东国际军事法庭的 11 名检察官来自不同的国家，其中，加拿大检察官亨利·诺兰负责审理日本甲级战犯、南京大屠杀惨案元凶松井石根。他带领检方收集了大量证据，指控松井石根在南京大屠杀暴行中负有主要责任，不断戳穿松井石根的谎言，最终将松井石根定罪。

旅加华人余承璋收集整理出 33 册 3000 多页"诺兰档案"，包括诺兰生平资料、证书和手稿等，并于 2019 年捐赠给纪念馆。"我会继续收集与南京大屠杀有关的史料，尽绵薄之力，为正义的事业做贡献。"余承璋说。

（《南京日报》紫金山新闻记者　余梦迪）

他们，用自己的方式传播历史、呼吁和平

85年前的中国南京，烙下了一段整个世界都无法忘却的伤痛。如今，越来越多人加入传播南京大屠杀史实以及呼吁和平的队伍中来。无论是一位位"老南京"，还是走出国门的年轻人，抑或从遥远的国度来宁生活的外国友人，他们秉持着同一个信念——"忘记历史，人类将无法从中吸取教训"。

在第九个南京大屠杀死难者国家公祭日到来之际，《南京晨报》记者采访了多名坚持传播南京大屠杀史实的志愿者，让我们听——"他们说"。

种下一颗种子，让世界多盏悼念的灯

今年是25岁的孔佩雯加入紫金草学雷锋志愿服务队的第七年。她向记者展示了自己从事志愿者工作以来收集的工作证和徽章，每一件都饱含她对这份工作的深厚感情。

7年的时间，志愿服务队从只有19人的小团队，发展为如今拥有几千人的庞大群体，孔佩雯也从青涩懵懂的大学生志愿者，成为研究生毕业后想用自己所学回馈社会的成熟青年。

孔佩雯

大学时，孔佩雯发现学校有一支成立了二十多年的讲解队伍。当时侵华日军南京大屠杀遇难同胞纪念馆的紫金草学雷锋志愿服务队还没有成立，正是学校的这支队伍为观众提供讲解。身为一名土生土长的南京孩子，她觉得自己有责任有义务去传承这段历史，便报名参加了这个团队。孔佩雯本科学的是电视编导，本来计划毕业后从事媒体行业的工作，但来到纪念馆从事志愿服务以后，她希望能结合自己的所学更好地讲述这段历史，因此，读研期间她改选了和文博相关的专业。

"志愿服务队名称里的紫金草是一种生命力极其顽强的植物，只要有一颗种子，它就能在土地里生长繁殖。"

在英国留学期间，孔佩雯选修了研究历史记忆的课程。在一节课上，她向来自各个国家的同学介绍了中国的南京大屠杀死难者国家公祭日以及南京大屠杀史实，每个人都听得很认真。讲解结束后，老师对她说："以前我不知道这段历史，但现在我知道了，以后每年的12月13日，我都会在家门口点燃一支蜡烛。"这次经历也让孔佩雯觉得，每个中国青年都有责任也有能力去传播这段记忆。

志愿服务的经历让孔佩雯收获了温暖的感情。在帮纪念馆拍摄纪录片时，她接触到了一位位和蔼可亲的幸存者爷爷奶奶。2018年，她在拍摄过程中认识了幸存者杨秀英奶奶。杨奶奶当时身患肺癌，非常虚弱，但见到他们到访后眼睛却亮了起来。杨奶奶叮嘱他们，纪念馆就是自己的亲人、家人，让他们一定要把纪念馆建大建强……然而，拍完不到一周，杨奶奶就去世了。孔佩雯拍摄的视频也成为老人生命时光的最后见证，"如果时间的流逝能慢一些，我记录的脚步再快一些，会不会少一些遗憾？"每当听闻幸存者去世的消息，她就禁不住在心里这样想。

退休后用声音志愿传递历史

手捧《烙印·南京1937年》，紫金草志愿者傅云生在寒风中朗诵起了书中的《喇叭》一文。喇叭是一件文物，是1945年在南京审判日本战犯时用于同步外放法庭审判声音时所用。正是通过这个喇叭，法庭外等待消息的南京市民才得以第一时间得悉审判结果。

《烙印·南京1937年》是傅云生等98名志愿者"众筹声音"录制的一本讲述南京大屠杀相关文物背后故事的有声书。傅云生没想到，退休后的自己也成了传播历史真相的"喇叭"。

傅云生今年66岁，退休前是一名教师，他也是侵华日军南京大屠杀遇难同胞纪念馆前任馆长张建军的中学语文老师和班主任。傅云生说，当他在电视上看到曾经的学生出任馆长时，便萌生了到纪念馆发挥余热的想法。

最初的接触来自公祭日前夕在纪念馆举办一场主题演出的想法，考虑到公祭日前筹备事

傅云生

宜太多，演出未能成行，但32年后重逢，曾经的学生却对老师发出了诚挚的邀约："这段历史需要更多人去传播，老师如果愿意，可以在这里发挥您的特长！"

前期参与了多次志愿演出后，2019年，得知馆里招聘社会志愿者，傅云生和他所在的金陵好时光朗诵艺术团主动跟馆里联系，通过了招聘考核，艺术团60多名队员全部加入紫金草学雷锋志愿服务队，成了馆中紫金草志愿者的一部分。

这批最大70多岁、最小也已经50多岁的团员克服自身困难，参与了馆内多个重大节日和专题纪念活动的服务，他们还利用自己的声音特长承担了纪念馆史实展的讲解。4年下来，傅云生等团里几位成员坚持每周都来馆里做讲解。只要馆里需要，这位退休教师都会克服困难，赶来服务。

傅云生把自己称为"退休老人中的年轻者"，他近年也越发感到将这段史实向全世界，尤其是向中国年轻一代传播的重要意义。"在我身体和精力允许的情况下，我还有热情和愿望，在志愿者的岗位上坚持下去，为传播这段历史、教育年轻一代发光发热。"

用英文传播史实的外国人

12月初的南京，气温骤降，纪念馆的和平广场冷风袭人。虽是临时邀约，这位来自苏格兰的绅士依然爽快地答应了拍摄和采访要求。为表达对拍摄的尊重，他在0℃的气温中仅穿西装站立，耐心地在寒风中回答完了记者额外提出的所有问题。

这是记者第三次采访贺福。贺福告诉《南京晨报》记者，他已经收到了2022年国家公祭日的邀约，将以国际友人的身份第三次出现在公祭仪式现场。

作为一位外国人，近年贺福却把传播南京大屠杀史实当成了分内事。南京大屠杀惨案发生80周年祭时，他在自己的英文自媒体上连续1周刊发相关新闻，将报道的触角对准那些在

国家公祭
解读南京大屠杀死难者国家公祭日资料集 ⑩

贺福

至暗岁月中选择留守南京的一位位可敬的国际友人：本可以提前撤离却选择留下来护卫平民的德国人拉贝；在金陵女子文理学院庇护惊恐女性并用日记记录下日军暴行的美国传教士明妮·魏特琳；怀抱仁爱之心设立难民及伤兵医院的约翰·马吉……

这批报道连续刊登后收到了很大反响。贺福说，以至于《China Daily》读到后也将报道的视角对准他和他刊登的历史素材。

六年来，贺福每年刊登有关南京大屠杀的新闻，刊登的时间不局限于公祭日前后，报道频率也越来越高。两年前，他作为国际友人受邀参与南京大屠杀死难者国家公祭仪式，他称这是一场"极其庄重、悲痛的祭奠仪式"。

"当我第一次听说南京大屠杀时被震惊了，让我震惊的不仅是这场杀戮的惨无人道，更在于我自己对这场杀戮的完全无知。"贺福说，他曾经也是很多不了解此次惨案的外国人中的一员，据他了解，他周围很多外国普通人都没有听说过这场屠杀。打破这种"无知"，也成了贺福近年选择在自己的英文媒体上不断刊发文章传播这一史实的原因。

"现在，正有越来越多的外国人逐渐知道、了解南京大屠杀，我希望这种认知的加速能够快一点，再快一点。"贺福告诉记者，每天有 1000 人浏览他的网站，过去几年已有很多人通过他的传播了解了南京大屠杀，未来，他的刊发不会停步，"忘记历史，不知历史，就意味着人们将无法从中吸取教训。"他说。

越来越多年轻人走进纪念馆

66 岁的李国荣从事志愿服务已经 12 年了。2019 年，在傅云生的引荐下，她报名加入紫金草学雷锋志愿服务队。与其他志愿者不同，李国荣年轻时是军人，32 年的军旅生涯让她对前来参观的军人观众格外关注。

李国荣

她印象最深的是一位千里迢迢从东北来到南京参观纪念馆的军人。这位军人告诉李国荣，自己在北方参军，家在南方，这次特地在南京下了飞机，就是为了专门到纪念馆参观，好深入地了解这段历史。"作为一名军人，保家卫国是我的职责，了解这段历史能让我更清楚地认识到自己肩负的这份沉甸甸的责任。"这位参观者这么说。

采访中，李国荣反复提到一个词——传承。"南京大屠杀历史不仅要成为我们这代人的记忆，更要让下一代去传承、世世代代传承。"

李国荣曾接待过一对母子，听完讲解后，这位母亲请求她为自己的孩子再详细讲解一遍，她想让孩子多了解一些。在历史课本里，南京大屠杀史实是由文字和图片组成的一个章节，而在纪念馆里，这个章节被"具体化"，延伸成一个个人、一件件事，更容易使孩子们置身其中，与遥远的时空产生共情。

经过四年多的史实讲解，李国荣也意识到一个问题——面对不同年龄层次，尤其是年龄较小的观众，是否有更适合孩子的讲解方式呢？

为了完善自己的讲解方式，李国荣买了很多与南京大屠杀相关的书籍。她希望在将来的讲解中，自己能够针对不同人群做最适合的讲解，让所有来参观的人都能真正感受到80多年前那段历史的惨痛，从这里走出后，都能成为一粒粒"和平的种子"。

(《南京晨报》爱南京记者　孔芳芳、刘畅、陈娟娟)

"不能让谎言到处传播"
——访日本南京大屠杀问题研究专家笠原十九司

"作为一个人，我不喜欢说谎，更不能让有关历史的谎言到处传播。一个国家如果对公众隐瞒事实真相，就会走上错误的道路。这就是日本战前的教训。"日本南京大屠杀问题研究专家、都留文科大学名誉教授笠原十九司日前在日本山梨县家中接受记者采访时说。

笠原从20世纪80年代初开始调研南京大屠杀历史，至今已近40年。2022年是南京大屠杀惨案发生85周年。笠原对记者表示，希望日本政治人士和民众多去南京了解真相，反省错误的历史，通过正确的历史教育杜绝战争惨剧再次发生。

笠原开始研究南京大屠杀历史，缘于其大学老师家永三郎的"教科书诉讼案"。作为知名历史学者，家永三郎在其编写的高中教科书《新日本史》中提及南京大屠杀。日本文部省在审定教科书时，却要求家永三郎修改和删除书中的多处记述。家永三郎拒绝妥协，并以"审定违反宪法和教育基本法"为由状告日本政府。为在法庭上支持恩师，笠原亲自到南京实地调查并出庭作证，最终帮助家永三郎取得部分胜诉。

长期以来，笠原坚持以严谨的态度治学著书，揭露侵华日军南京大屠杀的历史真相。至今，笠原共出版关于南京大屠杀历史的个人专著10余部，共同参与编写书籍30多部。

在采访中，笠原向记者展示了自己的部分著作。他拿起一本红色封面的册子告诉记者："这是我1997年出版的《南京事件》，至今仍有人购买，总销量超过10万本。"

不间断的研究和大声疾呼让笠原经常受到日本右翼的攻击。他说："我刚转到都留文科大学工作不久，右翼的街头宣传车就跑到都留市来到处乱窜，用喇叭大声喊。这样的骚扰持续了一个月，但我不为所动，最终他们只能选择离开。"

面对恐吓，笠原并没有觉得自己孤立无援。他说："有人请我去做讲座、公开演讲，有人购买、阅读我的书，也有一些报纸找我约稿，刊登我写的关于南京大屠杀的文章。他们都在以自己的方式支持和信赖我，对此我是有感觉、有自信的。"

南京大屠杀历史问题长期处于"世界关注，日本沉默"的状态。对此笠原认为，要解决历史问题，真正改善中日关系，就必须在日本全社会层面加强历史教育。只有直面和反省错误的历史，通过教育学会理性思考，才能避免战争悲剧重复发生。幸运的是，现在的日本年轻人可以通过互联网等渠道了解真实历史。

（新华社）

"我要永远追求和平"
——日本僧人大东仁不懈收集侵华日军史料的故事

第九个南京大屠杀死难者国家公祭日到来之际，中日两位长期致力于收集和保存侵华日军史料的人士时隔3年再次在"云端"重逢。

"大东仁先生，好久不见，很遗憾通过这种方式跟您见面。您今年在日本帮忙收集的史料已经收到，辛苦您了。"正在同日本爱知县圆光寺住持大东仁进行视频通话的，是侵华日军南京大屠杀遇难同胞纪念馆文物部主任艾德林。

2022年，大东仁帮纪念馆在日本征集到51件（套）文物史料，这其中包括侵华日军士兵新井淳的《阵中日志》、侵华日军荣第1644部队相关照片等珍贵史料。

"新井淳在《阵中日志》中记录了侵华日军1938年1月1日在南京设立'慰安所'，这是目前发现的'慰安妇'制度正式确立后日军在南京开设'慰安所'时间最早的记录。侵华日军荣第1644部队的相关照片填补了此前研究的空白，与南京曾发现的荣第1644部队细菌实验受害者遗骸能够相互印证。"艾德林在视频中向大东仁介绍了中方专家对这批史料的初步鉴定结果。

自2005年至今，大东仁代为征集和无偿捐赠给侵华日军南京大屠杀遇难同胞纪念馆的史料已超过4500件（套）。

"我在大学学的是日本近代史，主要研究战争历史。大学期间，我曾去中国东北1个月，其间去过辽宁营口虎石沟万人坑遗址、黑龙江哈尔滨侵华日军第731部队遗址等。我无法想象，当时的日本人为何会做出那么残忍的事情，我也在思考，今天的日本人应该（为这些罪行）做些什么。"大东仁告诉记者。

大学毕业后，大东仁成为寺院住持，同时也开始了对侵华战争期间随军日本僧侣的持续研究。"当时的日本僧人支持袒护侵华战争，这是我作为僧人应该彻底反思的问题。"

"历史研究不能只停留在书本上，努力收集更多史料，挖掘更多证据，让证据和史实说话，才能更清晰地认清侵略战争的本质。"随着研究的深入，大东仁接触到越来越多日本侵华战争的史实，对这场战争本质的认识也越来越清晰。

国家公祭
解读南京大屠杀死难者国家公祭日资料集 ⑩

20年前，大东仁曾经到访南京，同侵华日军南京大屠杀遇难同胞纪念馆接触后，他开始向纪念馆提供侵华日军的相关史料。

"我每天早上起来都要在拍卖网站上搜索30分钟。如果不长期关注这些信息，好的史料很可能被遗漏，更有可能被右翼势力抢拍走后彻底销毁。"这些年，大东仁收集史料的工作从未间断。

"我很喜欢历史，也有收集史料的能力，但我并不是为兴趣去收集这些史料，这其中包含着一份责任，对未来的责任。"大东仁说，"我希望将这些史料留给后人，50年乃至100年后，这些史料仍可供研究，不仅被中国，也能被日本、美国和其他国家的研究者看到。我要永远追求和平。"

除了收集史料，大东仁的另一项工作是史实宣讲。每年的8月15日前夕，他都会在名古屋举办以"思考和平"为主题的演讲，而这里也成为日本右翼势力集中攻击他的场所。

大东仁向记者展示了一段日本右翼攻击他的视频。视频里，有的右翼分子胸前挂着辱骂大东仁的牌子，拿着扩音器对着他大嚷，甚至围攻他。

"我不会去和他们争辩到底有没有南京大屠杀，而是会拿出证据给他们看。无论是《阵中日志》还是《战斗详报》，都是日本军方的业务日志，上面记录的都是无可反驳的事实。因为有证据在手，所以通过演讲，一些人也渐渐认识到我不是在凭空捏造，逐渐认可了这些证据。"

不退缩、不躲避、不厌其烦地对话，大东仁像对待学生一样不断向右翼分子阐明史实，为这些右翼分子讲授日本当下最缺乏的近代历史史实课。甚至有些曾对他破口大骂的右翼分子，如今见到他都毕恭毕敬。

不过，来自右翼势力的威胁并未停止。

"不害怕吗？"听到记者的问题，今年57岁的大东仁笑着说："一位南京的朋友告诉我：'不要怕，有14亿中国人和你在一起。'这句话让我备受鼓舞，我不怕。"

13日上午，当提醒人们铭记历史的警报声在中国响起，此刻，在一海之隔的日本爱知县圆光寺，钟声为南京大屠杀的遇难者响起。

铭记历史，警钟共鸣。

（新华社日本名古屋12月13日电　记者　冯武勇、郭丹、李光正）

国家公祭

第四部分

精益求精
——各界筹备国家公祭仪式

解读南京大屠杀死难者国家公祭日
资料集⑩

中共江苏省委常委、宣传部部长张爱军到纪念馆调研2022年国家公祭筹备工作

2022年10月26日下午,中共江苏省委常委、宣传部部长张爱军来到纪念馆调研2022年国家公祭筹备工作,听取2022年国家公祭活动总体筹备和仪式现场筹备情况的汇报,并对进一步做好国家公祭筹备工作提出要求。张爱军部长指出,今年筹备工作面临国际国内一系列环境和形势变化,要避免经验主义,杜绝麻痹思想,立足新的政治站位,进一步细化方案,加快工作进程,抓好重大突发事件事态、涉日舆情管控和安全生产管理,确保不出问题,更好地推动各项工作。中共江苏省委宣传部常务副部长梁勇,省委宣传部副部长、省政府新闻办主任卜宇,中共南京市委常委、宣传部部长陈勇以及部领导纪增龙、彭振刚、张建军参加调研。中共南京市委宣传部副部长、纪念馆馆长周峰,副馆长凌曦、时鹏程参加会议。

中共南京市委常委、宣传部部长陈勇到纪念馆专题调度国家公祭重点工作项目

2022年10月26日上午，中共南京市委常委、宣传部部长陈勇来到纪念馆专题调度国家公祭重点工作项目，实地检查国家公祭仪式现场筹备情况，并召开专题会议，围绕国家公祭主题纪念演出活动安排、《国家公祭鼎铭文》视频脚本修改方案、海外捐赠征集藏品展览方案等进行研究。中共南京市委宣传部常务副部长纪增龙，市委宣传部文艺处、宣传处，南京广电集团相关负责人员参会。中共南京市委宣传部副部长、纪念馆馆长周峰，副馆长凌曦、时鹏程参加会议。

纪念馆组织开展国家公祭
核心仪式及保障环节首次桌面推演

2022年10月28日下午，中共南京市委宣传部副部长、纪念馆馆长周峰组织开展国家公祭核心仪式及保障环节首次桌面推演，对仪式现场核心和保障板块的37个子项目逐一过堂推演，确保国家公祭仪式各板块按照规定节点和规定质量推进。副馆长时鹏程及国家公祭各子项目负责人参加。

侵华日军南京大屠杀遇难同胞纪念馆 11月14日至12月13日闭馆

因场馆筹备重要活动及设备维修需要,侵华日军南京大屠杀遇难同胞纪念馆定于11月14日至12月13日期间闭馆,12月14日起正常开放。这是该馆连续9年在南京大屠杀死难者国家公祭日前实行闭馆维修。

11月13日,人们在侵华日军南京大屠杀遇难同胞纪念馆参观(刘建华 摄)

(《扬子晚报》)

南京市国家公祭领导小组仪式现场指挥部
在纪念馆举行国家公祭仪式第一次核心要素演练

2022年12月3日上午，南京市国家公祭领导小组仪式现场指挥部在纪念馆举行国家公祭仪式第一次核心要素演练。中共江苏省委常委、宣传部部长张爱军参加演练，现场逐项检查各环节自运行情况并主持召开专题会，对演练过程中的问题进行分析，对做好国家公祭仪式活动进一步提出要求。会议强调，一是高度重视，提高认识，对今年国家公祭面临的新形势做好充分的思想准备；二是担起责任，周密谋划，对各组方案进一步完善修改提升；三是省市联动，注重细节，以最高标准、最严要求、最严谨的态度、最好的工作状态圆满完成国家公祭保障任务。中共江苏省委办公厅副主任仲红岩，省委宣传部常务副部长梁勇，省委宣传部副部长、省政府新闻办主任卜宇，省文明办副主任公永刚，省卫生健康委副主任张金宏，中共南京市委常委、宣传部部长陈勇，南京市副市长、市公安局局长常和平，中共南京市委宣传部副部长彭振刚、周峰等领导参加演练活动。

国家公祭
解读南京大屠杀死难者
国家公祭日资料集 ⑩

第四部分
精益求精——各界筹备国家公祭仪式

181

南京市人民政府关于南京大屠杀死难者国家公祭仪式有关事项的通告

12月13日是南京大屠杀死难者国家公祭日。为悼念南京大屠杀死难者和所有惨遭日本侵略者杀戮的死难同胞，缅怀为中国人民抗日战争献出生命的革命先烈和民族英雄，牢记侵略战争给中国人民乃至世界人民造成的深重灾难，宣示牢记历史、不忘过去、珍爱和平、开创未来的坚定立场，2022年12月13日上午10时，将在侵华日军南京大屠杀遇难同胞纪念馆（主会场）举行国家公祭仪式。10：01—10：02防空警报鸣响期间，全市主城区范围内道路上（不含高速公路、绕城公路、高架、隧道）行驶的机动车（正在执行紧急任务的特种车辆除外）应当停驶鸣笛致哀，火车、船舶同时鸣笛致哀，道路上的行人、公共场所的人员（正在从事特种生产作业的人员除外）同时就地默哀，致哀1分钟后恢复正常。

特此通告。

南京市人民政府

2022年12月7日

（《南京日报》）

关于12月13日国家公祭仪式活动期间采取临时交通管控措施的通告

为祭奠在南京大屠杀中遇难的同胞，第十二届全国人大常委会批准决定，将12月13日确定为南京大屠杀死难者国家公祭日。2022年国家公祭日将于12月13日（周二）在侵华日军南京大屠杀遇难同胞纪念馆（以下简称"纪念馆"）举行公祭活动。为保障国家公祭仪式活动顺利进行，确保与会人员安全、有序抵离活动现场，保证全市生产、生活正常平稳进行，根据《中华人民共和国道路交通安全法》《南京市国家公祭保障条例》等有关规定，届时将对纪念馆周边及相关道路采取临时交通管控措施。现将有关事项通告如下：

一、12月13日7时至13时，水西门大街（北圩路至燕山路段）、茶亭东街、云锦路（汉中门大街至茶亭东街段、水西门大街至福园街段）、江东中路地面辅道（汉中门大街至福园街段），除持有公祭仪式活动专用车证的车辆及执行紧急任务的警车、消防车、救护车、工程救险车外，禁止其他车辆通行。

二、12月13日8时至13时，东起北圩路（汉中门大街至水西门大街段）、湖西街（水西门大街至集庆门大街段），南起集庆门大街（湖西街至燕山路段），西起燕山路（汉中门大街至集庆门大街段），北起汉中门大街（燕山路至北圩路段）所合围区域内（以上路段均不含本道路），除持有公祭仪式活动专用车证的车辆及执行紧急任务的警车、消防车、救护车、工程救险车外，禁止其他社会车辆驶入。上述区域内的道路沿线单位、居民车辆（只限小型客车），在管控时间内原则上只出不进。

三、12月13日7时至13时，东起城西干道，南起应天大街（含高架），西起扬子江大道（不含本道路），北起定淮门大街所合围区域内道路、隧桥，除公祭仪式活动服务保障车辆外，禁止载货汽车、专项作业车、工程机械车、危化品运输车通行（原通行证在此期间暂停使用），已在交通管控区内的上述车辆，严禁上路行驶。

四、公祭仪式当天及12月10日演练当天，在城区部分道路参加仪式的中外代表车辆通过时，交管部门将短时间内采取临时交通管控措施，敬请广大市民予以理解和配合。

五、受交通管控措施影响的沿线单位和居民，请提前安排好出行计划，按照现场临时交通指示标志通行，服从现场执勤警力的指挥管理。

特此通告。

南京市公安局交通管理局
2022 年 12 月 7 日

（《南京日报》）

12月13日南京部分路段实施交通管控，地铁云锦路站临时封闭

由于12月13日为工作日，市民通勤出行需求较大，交管部门提前发布交通管控通告，提醒广大市民合理安排出行规划。

7时起，建邺区部分路段实施管控

12月13日7时至13时，水西门大街（北圩路至燕山路段）、茶亭东街、云锦路（汉中门大街至茶亭东街段、水西门大街至福园街段）、江东中路地面辅道（汉中门大街至福园街段），除持有公祭仪式活动专用车证的车辆及执行紧急任务的警车、消防车、救护车、工程救险车外，禁止其他车辆通行。

而东起北圩路（汉中门大街至水西门大街段）、湖西街（水西门大街至集庆门大街段），南起集庆门大街（湖西街至燕山路段），西起燕山路（汉中门大街至集庆门大街段），北起汉中门大街（燕山路至北圩路段）所合围区域内（以上路段均不含本道路），则从当日8时起开始管控。

多条公共交通线路将临时调整

12月13日7时起，公安交管部门将对纪念馆周边进行交通管制，18条公交线路同步临时绕行，7路、48路、56路、63路、82路、109路、166路、170路、204路、D4路10条线路实行中段绕行，37路、61路、80路、81路、D7路5条线路首末站调整，公交39路、57路、511路3条线路跳站运行。地铁2号线云锦路站临时封闭。

10时，公交车（含有轨电车）、出租汽车带头停车致哀鸣笛，轮船和驶出地面的地铁车辆同步致哀鸣笛。

11时30分许，由国家公祭仪式现场指挥部下达命令，公祭仪式活动周边交通管制解除。18条公交线路陆续恢复原线路运行，地铁2号线云锦路站12时取消封闭。

(《扬子晚报》紫牛新闻记者　郭一鹏、笪越　通讯员　宁交轩)

南京市国家公祭领导小组仪式现场指挥部在纪念馆举行国家公祭仪式全要素演练

2022年12月10日上午，为保障国家公祭日活动顺利进行，南京市国家公祭领导小组仪式现场指挥部在纪念馆举行国家公祭仪式全要素演练，对仪式前准备、仪式及退场阶段流程进行模拟。中共江苏省委常委、宣传部部长张爱军，省委常委、南京市委书记韩立明，省委常委、秘书长储永宏等参加演练，现场检查防疫、安检和史料陈列厅参观准备情况，并召开调度会，听取南京市有关国家公祭仪式筹备工作情况的汇报，就进一步做好国家公祭仪式现场组织、疫情防控、氛围营造、舆情管控、安全保障、接待服务等提出要求。中共南京市委常委、宣传部部长陈勇，市委常委、秘书长蒋跃建，副市长、市公安局局长常和平等相关部门领导，驻宁部队官兵、南京市各界群众代表、宣读《和平宣言》的青少年代表等约3000人参加演练。上午，国际和平宣传部工作人员参加国家公祭核心要素网络舆情处置组线上演练。

第四部分
精益求精——各界筹备国家公祭仪式

国家公祭

解读南京大屠杀死难者国家公祭日资料集 ⑩

南京市国家公祭领导小组仪式现场指挥部
在纪念馆举行国家公祭仪式第二次核心要素演练

2022年12月12日上午，南京市国家公祭指挥部在纪念馆举行国家公祭仪式第二次核心要素演练。中共江苏省委常委、宣传部部长张爱军参加演练，中办、中宣部前站组现场指导，逐项检查公祭仪式现场安排、各环节自运行情况、展厅参观流线并召开专题会，对演练过程中的问题进行分析，对进一步做好国家公祭仪式活动提出具体要求。中共江苏省委网信办副主任胡连生，省文明办副主任公永刚，省卫生健康委副主任周明浩，省广播电视总台副台长季建南，南京市委常委、宣传部部长陈勇，市委常委、秘书长蒋跃建，副市长、市公安局局长常和平，市委宣传部副部长彭振刚、周峰等领导参加演练活动。上午，国际和平宣传部工作人员参加国家公祭核心要素网络舆情处置组线上演练。

国家公祭

解读南京大屠杀死难者
国家公祭日资料集 ⑩

国家公祭

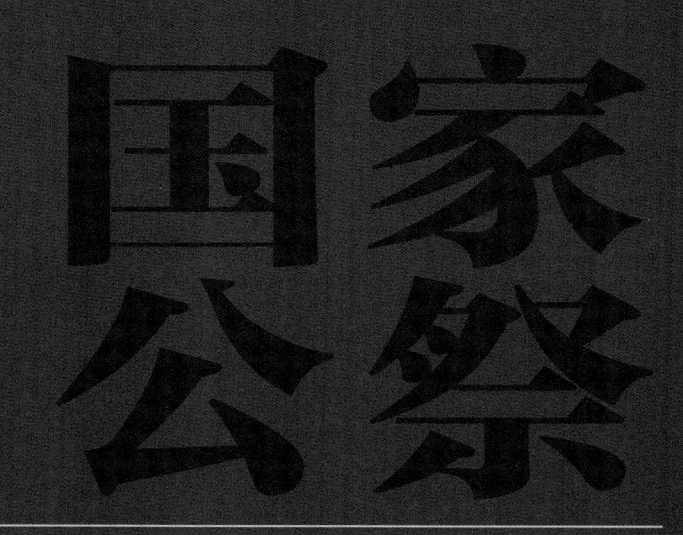

第五部分

警示醒世
——守护世界记忆

解读南京大屠杀死难者国家公祭日
资料集⑩

历史痛感未敢忘，勠力同心谋复兴
——写在第九个国家公祭日到来之际

12月13日，凄厉的警报声将再一次作为整个国家的背景音长鸣于耳畔。冬日的南京城，佩戴起紫金草的人们再次伫立街头，回首这座城市最惨痛的历史。

在南京大屠杀惨案发生85周年之际，举国上下同悼死难同胞，是哀悼更是警醒，历史悲剧不能重演，我辈当勠力同心，为中华民族的伟大复兴不懈奋斗。

八十五载，历史痛感未敢忘

"父亲、二姑爹、大舅，我又来看你们了……"11月25日，86岁的南京大屠杀幸存者马庭宝在家人的搀扶下来到南京大屠杀死难者名单墙前，苍老的手颤抖着指向亲人的名字，眼里满含生死相隔的痛楚。

南京大屠杀死难者名单墙被民间称作"哭墙"，上面共铭刻了10665个死难者的姓名。每一个姓名背后，都有着家破人亡的惨剧。

鞠躬、献花、敬香、默哀……陪着马庭宝参加家庭祭告仪式的女儿马明兰说："父亲老了，当下的记忆很模糊，过去的事情却记得清清楚楚。"她注意到，人群中的白发老人只有三四位，绝大多数是子女辈、孙辈。

在世者仅剩54位！2022年以来，又有7位幸存者老人相继离世。冰冷数字变化的背后，是那段惨痛历史见证人在消逝。

13名传承人上岗！今年8月15日，首批南京大屠杀历史记忆传承人获得认证，这意味着幸存者后代正式接过传承历史记忆、传播历史真相的接力棒。

"不敢忘！不能忘！"已故幸存者李高山的儿子李真铭说，"父亲在世时常常夜不能寐，一闭上眼就是死里逃生的经历。他走后，这份责任就要我来扛了。"

"要记住历史，不要记住仇恨""忘记过去的苦难可能招致未来的灾祸"……已故幸存者李秀英、远东国际军事法庭中国法官梅汝璈的警示之语，仍悬挂在侵华日军南京大屠杀遇难同胞纪念馆展厅的显眼处，至今振聋发聩。而在尾厅的留言区，自2019年以来已收到手写留言超过 22 万份，这两句话也被高频引用。

"南京大屠杀历史是中华民族的深重苦难，是国人永久的沉痛记忆。"南京市委宣传部副部长、纪念馆馆长周峰说，这段惨痛历史永远警示着世人，心向光明但不能忘记黑暗。

守望互助，凝聚和平力量

北京时间 11 月 17 日，美国明尼苏达州的典当店老板埃文·凯尔，最终把那本引发全球网络关注的"二战相册"捐赠给中国驻芝加哥总领事馆，他觉得"那是它该去的地方"。

"遇难者 300000"。国家公祭仪式现场西南侧的"灾难之墙"上，用多国文字镌刻这组数据，也在昭告世人，这场浩劫不仅是中华民族的国耻国殇，更是人类文明史上的屈辱回忆。

12 月 13 日，"为了共同的记忆——侵华日军南京大屠杀遇难同胞纪念馆海外征集藏品展"将与公众见面，展出美国牧师约翰·马吉拍摄的南京大屠杀历史影像、侵华日军士兵堀越文夫收集保存的日军侵略中国的照片、日本研究者松冈环记录的侵华日军士兵晚年自述音像等。

就在今年 11 月，日本友人大东仁将最新一批从日本征集到的 51 件（套）珍贵文物辗转送至南京。其中，侵华日军第九师团步兵第三十六联队第十一中队《阵中日志》、侵华日军荣第 1644 部队相关照片等尤为珍贵。2005 年以来，他代为征集和无偿捐赠给纪念馆的史料已超过 4500 件（套）。

"纪念馆馆藏文物史料共有 19.2 万余件，其中很大一部分来自各国友人和海外华人的征集和捐赠，他们对历史真相不懈追寻的价值与意义是不可估量的。"纪念馆文物部主任艾德林说。

热爱和平的人们，即便相距万里总能相遇。

每到 12 月 13 日，紫金草国际志愿者董戴维会将微信头像换成黑白色，以此表达对南京大屠杀死难者的缅怀。据了解，从 2008 年日本志愿者黑田薰开始，紫金草国际志愿者已汇集了来自美国、韩国、巴基斯坦等全球 30 多个国家和地区的 300 多人。他们身着紫色马甲参加志愿活动，用自己的语言和特长不断夯实这段人类共同的记忆。

圆梦中华，砥砺复兴之志

"铛、铛、铛……"每天早上 8：30，纪念馆的钟声总是准时响起。每天首批入场的 12 名观众分 2 组撞响和平大钟 13 声，寓意牢记 12 月 13 日，勿忘国耻。

历史是最好的教科书，也是最好的清醒剂。

进入 12 月，南京市 600 多所中小学结合《南京大屠杀死难者国家公祭读本》，采用课堂教学与实践活动相结合的方式开展了丰富的活动。13 日上午，来自江苏、辽宁等 40 多所小学的师生代表，还将通过网络"云课堂"共上一堂主题班会课，一起倾听历史、朗读国家公祭读本和抗战家书。

"对孩子们来说，侵略、屠杀还只是模糊的概念。但他们也会因此受到启蒙，思考什么是战争，该怎么看待历史。"南京市考棚小学王老师说。

85载时光荏苒，85载沧桑巨变。历经劫难的南京，正改换新颜。

长江边，燕子矶。85年前，这里尸横荒滩，血染江流，遭集体屠杀者达5万之巨。如今，大河滔滔、青山相依，金陵四十八景之一"燕矶夕照"光彩照人。

"自鸦片战争以来180多年的历史，告诉我们什么？落后就要挨打，发展才能自强。"幸存者阮定东说，他的爷爷阮家田曾在燕子矶的江边遇难，长大后他从军报国，并带着后人多次重走逃难之路。

2015年以来，王生、高在书、钱家书等抗战老兵代表从未缺席国家公祭仪式。96岁高龄的王生老人感慨地说："历史的硝烟已然散去，现实的威胁却无时不在。殷鉴不远，后人当自警之！"

昭昭前事，惕惕后人。

"龙盘虎踞，彝训鼎铭，继往开来，永志不忘。"每一次公祭仪式上，青少年代表们都会朗诵《和平宣言》，当饱含深情、铿锵有力的声音响彻公祭广场时，也在传达着亿万国人的共同信念——以史为鉴，中华民族的前景必将无比光明。

（新华社南京12月12日电　记者　蒋芳、邱冰清）

永志不忘　继往开来
——二〇二二年南京大屠杀死难者国家公祭仪式侧记

国行公祭，祀我殇胞。2022年12月13日，是第九个南京大屠杀死难者国家公祭日。85年前的这一天，南京城破，短短6周内，30万同胞惨遭杀戮，三分之一建筑被毁，大量财物遭到掠夺……

战争的炮火虽已远去，但累累白骨仍在无声诉说，历史真相不容磨灭！12月13日，南京大屠杀死难者国家公祭仪式在侵华日军南京大屠杀遇难同胞纪念馆集会广场隆重举行。以国家的名义，隔着岁月回望，只为缅怀同胞，致敬英烈，祈愿和平永驻。

举城致哀，山河同悲

8时整，在侵华日军南京大屠杀遇难同胞纪念馆公祭广场上，解放军三军仪仗队将国旗升顶后，又缓缓降下。冬日的寒风中，飘扬的五星红旗以国之名，为85年前惨遭日本侵略者

南京大屠杀死难者国家公祭仪式现场（新华社记者　李博　摄）

杀戮的同胞而半垂，也为在中国人民抗日战争中献出生命的革命先烈而半垂。

10时整，公祭仪式正式开始。高亢振奋的《义勇军进行曲》奏响，约3000名各界代表胸前佩戴白花，高唱中华人民共和国国歌。南京市17处南京大屠杀遇难同胞丛葬地、12个社区和南京抗日航空烈士纪念馆等6家抗战主题爱国主义教育基地同步举行悼念活动。

10时01分，防空警报划破天际，全场默哀。这一刻，全城警报响起，街头所有红灯亮起，车船停驶鸣笛，行人就地默哀。默哀毕，在《公祭献曲》的旋律中，解放军仪仗大队16名礼兵将8个花圈敬献于公祭台上。

约10时23分，来自南京中华中学的85名青少年代表宣读《和平宣言》。6名社会各界代表撞响和平大钟，久久回荡的钟声，仿佛诉说着对死难者的无尽哀思和对世界和平的向往与坚守。

现场放飞3000只和平鸽（新华社记者　李博　摄）

"钟声是对死难者的哀悼之音，更是警示之声，警示我们不忘历史，警示我们不忘肩上的使命。"撞响和平大钟的代表之一、江苏省人民医院院长刘云表示。

南京大屠杀幸存者，93岁的夏淑琴老人和95岁的葛道荣老人代表目前登记在册在世的幸存者来到现场，为历史作证。遗憾的是，过去一年，又有7位幸存者永远离开。截至目前，登记在册在世的南京大屠杀幸存者仅剩54位。

携手与共，凝聚力量

"南京大屠杀不仅是中国记忆，更是世界记忆，牢记这段历史，将有助于各国人民携起手来，共同守护和平。"这是已定居南京的英国人贺福第三次参加南京大屠杀死难者国家公祭仪式。

今天，"为了共同的记忆——侵华日军南京大屠杀遇难同胞纪念馆海外征集藏品展"在纪念馆拉开帷幕，一件件珍贵的藏品背后，凝聚着世界人民祈愿和平的共同心愿。

85年前，美国牧师约翰·马吉用一架16毫米摄影机，悄悄地将镜头对准了遭受日军暴行的南京市民，2019年，经过进一步挖掘整理，37分钟版的马吉影像入藏纪念馆；1997年，日本小学历史教师松冈环开始调查侵华日军在中国犯下的罪行，历经重重困难，最终留下了250名侵华日军士兵的口述资料，并于2006年捐赠给纪念馆；1946年，远东国际军事法庭加拿大检察官亨利·诺兰带领检方收集了大量证据指控松井石根在南京大屠杀暴行中负有主要责任，2017年以来，旅加华人余承璋收集整理出33册3000多页"诺兰档案"，包括诺兰生平资料、证书和手稿等，并于2019年捐赠给纪念馆……

"纪念馆馆藏文物史料共有19.2万余件，其中很大一部分来自各国友人和海外华人的征集和捐赠，他们对历史真相不懈追寻的价值与意义是不可估量的。"纪念馆文物部主任艾德林介绍。

此刻，在亚洲最大、保存最完整的"慰安所"旧址——南京利济巷慰安所旧址陈列馆，哀思也正在回荡。2019年，来自韩国的"95后"女孩姜哈娜走进这里，申请成为紫金草国际志愿者，为观众提供讲解服务。3年多来，姜哈娜接待了数百名观众，她表示："和平来之不易，希望通过我的讲解，让更多人了解这段历史，珍爱和平。"

自2008年开始，陆续有来自日本、美国、法国、韩国等国的志愿者来到南京。如今，纪念馆汇聚了来自37个国家和地区的几百位紫金草国际志愿者。他们用不同的语言，通过志愿讲解、翻译史料、参加国际交流活动等多种方式，向世界讲述南京大屠杀的苦难历史。

薪火相传，砥砺奋进

夕阳西下，夜色渐浓，18时30分，"烛光祭·国际和平集会"活动在纪念馆内举行。活动现场，蜡烛陆续点亮，点点烛光汇聚。在侵华日军南京大屠杀遇难同胞纪念馆的微信公众平台上，一场线上烛光祭活动同步举行，人们的哀思和对和平的渴望通过互联网交相传递。

近年来，往来纪念馆的人群中，年轻的面孔越来越多。据介绍，侵华日军南京大屠杀遇难同胞纪念馆的紫金草学雷锋志愿服务队成员数，已从最初的60人发展至22984人。

已故南京大屠杀幸存者李高山生前常来纪念馆参加志愿讲解，他的儿子李真铭也是志愿服务队的一员，李真铭说："我有责任接替父亲，将历史的真相告诉观众。"

8月15日，首批南京大屠杀历史记忆传承人获得认证，意味着幸存者后代正式接过传承历史记忆、传播历史真相的接力棒。南京大屠杀幸存者常志强的女儿常小梅是传承人之一，常小梅说："作为幸存者后代和历史记忆传承人，我们担负着更重的使命和责任。"

12月，南京市600多所中小学结合《南京大屠杀死难者国家公祭读本》，采用课堂教学与实践活动相结合的方式开展了丰富的活动。13日上午，来自江苏、辽宁等40多所小学的师生代表，还通过网络"云课堂"共上一堂主题班会课，一起倾听历史、朗读国家公祭读本和抗战家书。

参加完国家公祭仪式，南京市第一中学江北校区高二学生薛延涛表示："作为新时代的青年学子，我要将个人奋斗融入时代大潮，努力学习科学文化知识，提高人文素养，增长知识才干，为中华民族伟大复兴的中国梦做出自己的努力。"

（《光明日报》记者 刘已粲、苏雁）

铭记历史　砥砺奋进

2022年12月13日，是第九个南京大屠杀死难者国家公祭日。钟山垂泪、秦淮泣血，我们深切缅怀南京大屠杀中的30万死难同胞，悼念为国为民献出生命的革命先烈、民族英雄与国际友人。铭记山河破碎之耻，坚定砥砺奋斗之志。

国耻长铭，当弘扬民族精神。忘记历史就意味着背叛：侵华日军《阵中日志》、荣第1644部队照片、仅剩的54位南京大屠杀幸存者……1937年的今天，百镇荡平、千乡闻哭，日本侵略军的血腥屠戮撕裂了这座千年古都，刻下了难以消弭的血泪与屈辱回忆。天地英雄气，千秋尚凛然。在生死存亡之际，无数仁人志士挺身而出，以骨肉筑长城、以鲜血荐轩辕，在艰苦卓绝的浴血斗争中，铸就了伟大抗战精神、高扬起爱国主义旗帜，挺起民族自信自强的脊梁，谱写了争取民族独立的壮烈篇章。天下兴亡、匹夫有责的爱国情怀在华夏儿女的心中代代传承，是我们勇担时代重任的不竭力量之源。

照见前路，须矢志不渝奋斗。惨痛的历史记忆，鲜明昭示着"落后就要挨打，发展才能自强"。人间正道是沧桑。回眸历史，中华民族浴火重生，生于忧患，亦成长壮大于忧患；展望未来，更要从苦难中汲取奋勇搏击、迎难而上的精神力量，锻造更加坚实的价值基座。几十载朝乾夕惕，中国共产党团结带领全国各族人民，历经革命、建设、改革、奋进新时代的艰辛探索和伟大实践，一路披荆斩棘、勇往直前，实现了中华民族从站起来、富起来到强起来的伟大飞跃。面对一路走来的艰难险阻、生死考验，中国人民从未屈服，一直坚持抗争，终于掌握了自己的命运——任人欺凌的时代一去不返，中华民族昂扬屹立于世界民族之林。

放眼世界，念和平来之不易。强调牢记历史经验和教训，不是要延续仇恨，而是要唤起对和平的向往和坚守，是要以史为鉴、面向未来，共同珍爱和平、维护和平。"灾难之墙"上用多国文字镌刻着"遇难者300000"的字样向世人昭示，南京大屠杀不仅是中国之殇，更是人类浩劫。战争的噩梦昭示和平的可贵，尤需要我们笃志捍卫、用心守护。和平是人类共同的事业，需要各方共同争取和维护。只有人人都珍爱和平、维护和平，只有人人都吸取战争的惨痛教训，和平才有希望。

鉴往事，知来者。又一年国家公祭日，提醒我们不忘来路、心向未来，以不懈的奋斗、不屈的意志，不断把中华民族伟大复兴的历史伟业推向前进。铭记历史，砥砺奋进，中华民族必将迎来无比光明的未来！

（《光明日报》评论员）

旧金山海外抗日战争纪念馆设阅览室纪念华裔作家张纯如

2022年8月20日，位于美国旧金山市中心的海外抗日战争纪念馆举行纪念已故华裔作家张纯如的阅览室开设仪式。

张纯如是让西方社会了解南京大屠杀真相的著名作家。1997年，她以英文写作的《南京浩劫：被遗忘的大屠杀》一书出版，轰动西方社会。她还是《拉贝日记》《魏特琳日记》的重要发现人之一。这两本日记与她所著的作品成为揭露侵华日军在南京实施暴行的铁证。

阅览室位于纪念馆三层，被命名为"一个人的力量"。"这是纯如一生的信念，也是她践行一生的写照。"张纯如的母亲张盈盈说。

纪念馆发起人、旧金山著名华人社会活动家方李邦琴女士在致辞中说："张纯如把中国抗日的血泪史介绍给全世界，她是我们最尊敬的女士之一。"

方李邦琴表示，人们必须永远铭记用鲜血书写的历史，这是她7年前捐赠、建立海外首座抗战纪念馆的初衷。

很多外国民众对中国抗战历史缺乏了解。纪念馆开馆7年来，借助实物展品、图文和音视频等方式，向旧金山当地民众和来自世界各地的参观者展现中国抗战史实，揭露侵华日军暴行，回顾中美并肩抗击侵略者的历史，影响深远。

世界抗日战争史实维护联合会会长张蓝真说，张纯如让西方社会广泛了解南京大屠杀这场人类浩劫，做出的贡献是无价的。"我希望可以成为纯如身后的一个脚印，也希望我们身后有更多的脚印，坚持她的信念。"

张蓝真还担任南京大屠杀索赔联盟主席。她说："正是这种力量感染、鞭策着我们一往无前。我们一定要伸张正义，让日本政府向受害者正式道歉和赔偿。"

她说，无论过去、现在还是未来，海外华侨华人都与祖国血脉相通、荣辱与共。旧金山湾区各界华侨华人已经连续25年举行"南京祭"活动，悼念惨遭日军屠杀的死难同胞，呼吁全人类牢记历史教训，维护世界持久和平。

（新华社旧金山8月21日电　记者　吴晓凌）

离开南京后，这个日本人写下未泯的良心，868 个 "×"，尽是我同胞血肉

155 处、868 个 "×"，每一个 "×" 下尽是同胞的血肉。因为描述侵华日军暴行的文字，都被 "×" 号替代。

这本书名叫《活着的兵队》，作者是日本作家石川达三。85 年前的寒冬，他先后前往上海、苏州、南京等地，目睹了一桩桩暴虐的屠杀，用 11 天时间写下了这本纪实文学作品。

第九个南京大屠杀死难者国家公祭日前夕，南京民间抗日战争博物馆展出了一本 1938 年 6 月在中国公开发行的首版《活着的兵队》，该馆馆长吴先斌说："这本书是石川达三未泯的良心，也是我们现在研究南京大屠杀的重要史料。"

书在日本遭禁，却于同年在中国发行

1937 年 12 月，32 岁的石川达三作为日本《中央公论》的特派员随侵华日军来到中国。当时，日本政府需要一批鼓吹侵略战争的文学家来美化侵略行为。

此时的石川达三前程似锦，年纪轻轻便已获得日本文学界最有名、最权威的 "芥川奖"。

经上海、苏州、常州，1938 年 1 月 8 日，石川达三抵达南京。目睹侵华日军一路烧杀淫掠和在南京犯下的滔天罪行，出身于社会底层的石川达三对战火中的平民十分同情。

1938 年 2 月回国后，他仅用 11 天时间创作出纪实小说《活着的兵队》，小说约 12 万字，重点描写了进攻南京并参与南京大屠杀的高岛师团西泽联队仓田小队中的伍长笠原、和尚片山、一等兵近藤等人的诸多暴行。

为了使作品能通过日本当局的审查，书中删去最后两章，在 155 处用了 868 个 "×" 来替代原有描述侵华日军暴行的内容。

尽管如此，《活着的兵队》在发行当天，仍遭日本当局封杀，7 万多册图书被搜缴一空。石川达三被判处有期徒刑 4 个月，缓期 3 年执行。

但是，这本书在正式公开发行前，已经有约 1000 册直接寄给了订阅者。所剩无几的《活着的兵队》悄悄地传到中国，翻译家张十方率先译出该书，于 1938 年 6 月在中国公开发行。

首译者张十方在译者自序中写道："当我一想到每一个 '×' 下面都有我们同胞的血肉，

我的悲愤便到了无法按捺的程度,血的债是得用血来偿还的,愿这篇血的记录永远地留在每一个人的心底。"

868 个 "×",尽是同胞的血肉

南京民间抗日战争博物馆馆藏的,正是这本首版中文译本《活着的兵队》。

翻开泛黄的书页,可以读到作者极力克制的笔触之下残忍的历史真相。

书中明确写道,在挺进南京的途中,侵华日军的军事首脑部传达了这样的指令:"由此向西,民众间的抗日思想非常强固。因此,即使妇女小孩,也不能放松的,应当××××××××××。"

在攻打南京的过程中,侵华日军伴着紫金山山顶的霜,于寒冷中紧挤着,"卧在满是石块的地上,他们真会头痛,于是一手将中国兵的尸体拖过来,枕在尸体的肚上:'啊,正好,正好。'"言语间尽是对生命的漠视。

不仅如此,金陵古迹也难逃一劫。占领中山陵的小林部队,"把日章旗插上放置在平坦拜道的巨大的石马的背上,再在门楼的石柱面,用血大书:'十二月十日小林部队占领。'"

明孝陵亦被破坏,"立在外拜道边的大石人的行列,具有默默而庄严的表情。在它们庄重威风的腰际,地雷轰隆地爆发了。"

南京城破后,满城齑粉、尸横遍野的景象亦被写进书中。"街上所谓的商店早已面目全非,洗劫之后疮痍满目,但凡你能称得上大南京的物资早已经不存在了,它们要么被抢走,要么被翻搅的杂乱无章,不像样了。要么被付之一炬,成为瓦砾一堆。"

"大街上仍有死尸,经了数日,变成瘀黑。"而侵华日军看到其中有一具,仅剩有一根骨头的脚胫,缠着绑腿,竟还能戏谑地笑起来,"喂,近藤,这一个穿着鞋的呀,大概还想逃呢,哈哈哈!"

对于侵华日军在下关的累累罪行,书中亦有隐喻,"他们把手榴弹掷到扬子江中,一次可以弄到几百条鲤鱼。'肥美的鲤鱼啊!不知吃了几个中国兵啦?'士兵们一面说笑一面做饭。"

书中还不止一次提到了"慰安所"。"为了日本军人的需要,南京市内开设了两个慰安所。""他们跑到酒保里,饮了一瓶啤酒,于是再到南部的慰安所里去了。"

反抗与屠杀同在,展现中国人的抗战精神

除了对侵华日军暴行的描写,《活着的兵队》还记录了中国人的反抗,书中第一个章节便写了这样一个故事。

一位中国青年放了一把火，烧掉了被侵华日军强占做总部的房子，被抓住后，青年说："我在自己家中放火，与别人无干。"

毫无疑问，这名青年被侵华日军残忍地杀害了，"一瞬间，青年的叫喊戛然而止，田野复归于柔静的夕景中。头没有砍落，但伤口却相当深。在他的身体横倒下来之前，鲜血滔滔地流满肩际。"

在进占南京时，一场无声的反抗也曾震慑侵华日军。笠原伍长将13个俘虏绑成一串，准备就地处决，逐一杀掉。关于这段内容，原文使用了30多个"×"。比照着抗战胜利后的完整版译本，可还原出事情的大致经过。

在飞行场尽头小河的岸边，笠原抽出刀，迫不及待地向第一个俘虏砍去，接着第二个、第三个。

"这时，他发现了一种不可思议的现象。号泣的声音突然停止了，剩余的都端坐在平坦的土地面，将两手搁在膝上，闭着眼，垂着颚，默然不作一声。这，不用说是颇为庄严的态度。"

这样一来，笠原反倒觉得挫了锐气，手倦无力了。他鼓了鼓劲，赌气般地又砍了一个，马上回过头向战友们说："后面，谁来砍？"可没有一个人敢接手，他们退后二十步，端起枪来向俘虏射击，才算了结了这一"难题"。

1945年抗战胜利后，《活着的兵队》得以按照完整的原稿在日本出版，中译全本也于1987年、1994年、2008年先后3次翻译出版。

这本书存在的意义，正如石川达三在序中所说："就是要将战争的真实面目公布于社会，让那些以胜利为荣的大后方深刻地反省。"

（《现代快报》记者　张然）

国家公祭
解读南京大屠杀死难者国家公祭日资料集⑩

从和平门到中华门,"12·12 和平之夜"接力诵读 4 个小时,4 个地标,共读和平

85 年前的漫漫长夜,金陵城破,30 万同胞泣血蒙难。然而,黑暗永远战胜不了光明。2022 年 12 月 12 日夜,第九个国家公祭日前夕,难忘 85 年前的苦与痛,我们为逝者哀,为和平祈。从和平门到中华门,"12·12 和平之夜"接力诵读,让每一支蜡烛的光、每一句诵读的声,穿透黑暗,不忘历史,矢志复兴。

4 个小时,4 个地标,诵读接力

据悉,12 月 7 日已经开通"和平之声 云上共读"线上平台,以"勿忘国耻 圆梦中华"

"12·12 和平之夜"接力诵读活动现场(戎毅晔 摄)

为主题，分为"金陵城殇""不屈抗争""缅怀同胞""祈愿和平""奋发图强""圆梦中华"6个篇章，6位市民代表——南京市作家协会顾问、南京诗词学会顾问、著名诗人冯亦同，南京大屠杀幸存者马秀英曾孙女马雯倩，栖霞区诗词楹联家协会常务副会长、西岗街道关心下一代工作委员会主任吕步志，南京电视台《南京新闻》主播韩永联，紫金草文化传播使者郭尔乐，南京理工大学二月兰诗社学生代表张淑敏——邀请网友一起，用声音接力，为和平发声。

12月12日晚至12月13日凌晨，本次"12·12和平之夜"接力诵读活动由4位领读者代表冯亦同、马雯倩、吕步志、韩永联走到线下，和大学生一起，用声音守护这座城。今年是南京大屠杀惨案发生85周年，4个小时，4个地标，阅读接力，共读和平，用这种方式宣告守护和平的责任义务和民族复兴的时代理想。

在南京地标，诵读穿越历史

翻开诵读篇章。《魏特琳日记》，魏特琳女士的笔墨集中于收容了万余名妇孺难民的金陵女子文理学院，以女性的敏感与细腻，感同身受地写出了女性的恐惧、挣扎、苦难、屈辱与反抗；《被改变的人生：南京大屠杀幸存者口述生活史》，幸存者字字血泪，大量翔实缜密的历史档案资料，还原了南京大屠杀前后南京市民的生活场景与人生故事，揭露了日军侵略暴行给中国人民带来的深重灾难；《给死者》，悲愤忧伤的文字直抵人心，带人们回到鲜血染红的那个最冷的冬月，耳闻号哭之声，目睹惨绝之事；《日本战犯文学叙事中的侵华战争》，在对战争罪责的确认中，日本战犯对中国人民的反抗精神大为赞赏，不少篇幅反映了中国人民的斗争精神，他们的抗争使侵略者战栗，也在战犯们的回忆中成为中国人民民族气节的标杆；《南京大屠杀死难者国家公祭鼎铭文》，昭昭前事，惕惕后人，中华民族在历史记忆中觉醒，为实现中华民族伟大复兴的中国梦而努力……16篇诵读的文章里有见证者日记，有亲历者口述，有直抒胸臆的诗歌，也有真实客观的新闻报道，还有庄重肃穆的国家公祭鼎铭文。一篇篇振聋发聩的文章，字里行间是真实的力量。

在南京地标的诵读穿越历史，中山门、南京抗日航空烈士纪念馆、和平门、中华门，它们记录了85年前这座城市遭受的苦难，也见证了全体中华儿女携手同心凝聚磅礴力量，为实现中华民族伟大复兴中国梦的不懈奋斗。穿越时空，共同而坚定的声音回荡在南京上空，从最黑暗到最光明，在诵读中我们感悟历史，缅怀遇难同胞，迎来希望的阳光，成为新时代和平的守护者。

（《扬子晚报》记者 张楠）

今年是南京大屠杀惨案发生 85 周年，见证者在陆续离去……
31 位版画家刻下 61 位幸存者的沧桑面影

2021 年，11 位南京大屠杀幸存者相继离世，只剩 61 位在册在世的幸存者；2022 年，又有 7 位幸存者陆续离世……见证历史的证人接二连三地离去，如何让幸存者的身影永留人间？来自全国各地的 31 位版画名家拿起了刻刀，刻下了 61 位幸存者的沧桑面影。名为"幸存印记·南京大屠杀 85 周年祭"的这项创作计划于 2022 年年初启动，至 10 月底完成创作。"和时间赛跑的创作"，倾注了艺术家们的心血和努力。一张张苦难的面影，震撼人心，也警醒世人：历史不能忘记！

"幸存者逐渐老去，和时间赛跑是我们的重要任务"

12 月 5 日，幸存者向远松去世，登记在册在世的南京大屠杀幸存者仅剩 54 位！"见证历史的老人逐渐老去，和时间赛跑是我们的重要任务。"南京版画家陈超是本次创作的策划者和组织者。作为一个南京人、一个南京的艺术家，他痛感"这是我们的一种责任。在作品的创作当中，我们感觉到它具有深层的一种意义"。2022 年年初，收到纪念馆提供的展览史料和幸存者影像资料后，艺术家们快马加鞭进入创作过程。

陈超所刻画的王素明老人，也在他创作的过程中去世。获知消息，他非常难过。除了真实地还原她的面貌之外，他更想通过黑白木刻的语言，折射出幸存者内心对那一段心酸往事的思绪。"去表现出那种沧桑、受过持续的岁月磨难。整个创作的过程中，我用黑白灰的语言、富有雕塑感的形态，去编织出她内在的一种状态。" 为了强调作品的叙事性，他在下角又用文字刻出了"为侵华日军南京大屠杀幸存者王素明老人造像"，作品肃穆，以刀说话，刀刀见情。

年轻的浙江版画家陈瑜婷刻画的是祝再强和濮业良，两位老先生也在今年相继过世了。在接到创作任务后，她查阅了两位老先生的很多文字、图像资料。"他们是目睹、经历了南京大屠杀的。两位老先生也通过纪念馆、访谈等多种途径向大众讲述过自己真实的遭遇，提醒后人勿忘历史。"她用写意的刀笔来记录人物的铮铮铁骨，力求每一刀都要有情有义，创作中她尤其注意对眼神的刻画。"这次创作对我来说是一次对历史的回顾，虽然不曾经历、但刻骨铭心的一段历史。幸存者肖像的灯一盏盏熄灭，但历史不能被遗忘，青年艺术创作者应该用自己的作品说话。"

版画家谭浩楠上大学时曾到过南京，参观了侵华日军南京大屠杀遇难同胞纪念馆，深受震撼，这次创作令他有了更深的触动。他首先查阅了大量的历史资料。"在看资料的时候心情特别沉重、悲痛。但看到幸存者们我心里又有点欣喜，我们确确实实有这些人作为见证者，来告诉后代这段惨痛历史。作为创作者也是为见证这段历史尽一些绵薄之力。"在创作重点上，他着重于还原幸存者的状态，尽量完整地传达信息，让见证者以更真实的形态呈现在观众面前。"尤其触动我的是两位老人的面部表情，他们的眼神非常坚毅，让我产生了情感上的共鸣。我想终有一日见证者会离我们而去，但肖像会一直在那里。"

"九十多岁的他们，每个人都满面沧桑"

创作伴随着心痛。阅读幸存者的面影，同时也阅读那段备受凌辱的往事。

深圳版画家应天齐在看这些肖像的时候，"我就想到他们都九十多岁了。他们见证了历史，这是非常重要的。他们还活着。九十多岁的他们，每个人都满面沧桑。"在刻木刻的时候，他始终怀着一种强烈的情感。"他们的面容，仿佛让我看到了当年日寇大屠杀的历史，感受到当时的情形和他们内心深处的痛苦。想到我们的民族曾遭受到这样的羞辱和这种残酷，日寇像野兽一样杀害我们的同胞。"幸存者周智林这幅他一共刻了三遍，前两幅画都不满意。"因为老先生的这个面容表情很复杂，我要抓到他最值得表现的那一瞬间。我前两次都刻失败了，前后刻了一个多月。"

南京大屠杀幸存者王长发老人已经 99 岁高龄，于承佑的刻刀仿佛刻出了他的白色眉毛、胡须里藏着的泪水、凹陷的眼睛中藏着的穿透历史迷雾的真相。当时王长发的两个哥哥王长富、王长贵都被日寇拉去做工，不知所终。他们的尸体至今都没有找到。两个姐姐也遭遇惨痛的伤害，被带去一处临时"慰安所"。

薛玉娟老人刚刚于重阳节在侵华日军南京大屠杀遇难同胞纪念馆和几位幸存者一起度过了百岁生日。百岁老人薛玉娟动情地说："我一定要好好地活，看我们国家越来越好。我最大的愿望就是祖国更加强大，我们再也不要被别人欺负！"两位百岁老人的故事对于承佑触动很大。"在整个刻制过程中，我一直怀着对这些老人的敬畏之情和同情之心，还有就是对这段历史的深刻铭记，整个创作中始终被这样一种情绪萦绕着。"

刚刚离去的向远松，出生于 1928 年 9 月，南京沦陷时刚 9 岁。1937 年 12 月 14 日，侵华日军侵入下关宝塔桥地区，逃进观音庵避难的向远松一家人及所有难民被驱赶出来，强迫跪在路边几个小时"欢迎"日寇到来。其 26 岁的哥哥向远高被日寇当成中国士兵用绳子绑走，在煤炭港一座仓库中遭到杀害。当黑龙江版画家刘德才拿到向远松的照片时，"从幸存者严肃隐忍的表情中，我能感受到他所经历的那段痛苦的过往，以及那段历史带给他的压力。"

"想让一代代的艺术家带领大家一代代去记住历史"

史一、于承佑、袁庆禄、雷务武、李彦鹏、张敏杰、应天齐、季世成等版画大家，携手中青年创作力量，一起以刀代笔，以大黑大白的木刻，来刻画人物双眸背后的精神和信念。"我为什么想用老中青三代人来构成这样一个创作集体？就是想让我们一代一代的艺术家带领大家都能一代一代去记住这样的历史，去记住这个时代。另外也表现艺术的传承、精神的传承。总之，大家都觉得，这次创作特别有意义，可能是他们一生当中艺术创作最具有纪念意义的一件事。"陈超表示，在61幅作品中，能看到各种风格的呈现，各种表现角度，各种艺术手法的丰富性，作品整体质量相当高，"无论将这些作品放在一个什么样的场所去展出，一定会引起广大观众的共鸣。"应天齐说："我觉得这个活动特别有意义，将永远载入史册。你们能够看到多种多样的不同风格的木刻，这种差异性体现了每一个艺术家对于这个事件所寄托的深刻的情感。"

以往南京大屠杀题材的创作，更多是对逝者的表现。著名版画家程勉老师用了30年的心血创作《血寰》。他重点表现当时的情景，在那个时刻，南京人民受到杀戮的时候表现出来的英勇不屈的抗争精神。他在记录那个时代。"时隔80多年，今天我们再来创作这段历史。怎么办？恰恰我们有这个契机，就是我们还有61位幸存者这样真实的人物存在。所以'幸存印记'看起来是一个很小的策划，但其实它的意义非常重大。61位幸存者的肖像创作，折射出中华民族抗争的历史。80多年前的事情，再用艺术家的想法，用真实的形象把它勾勒出来。我觉得这本身就是时空的对话。也希望今天的人们看到作品以后，能对历史产生一种思考。"陈超说。

令人痛惜的是，65岁的河北版画家李彦鹏在完成创作不久的11月8日，在京去世。他创作的木刻肖像是黄桂兰、岑洪桂，竟成绝笔。

（《扬子晚报》记者　冯秋红、张楠、沈昭）

数十万名市民、游客在"和平许愿墙"上留言

"国耻不忘,吾辈当自强""国泰民安,世界和平""少年强则国强""牢记历史,建设强大祖国"……第九个南京大屠杀死难者国家公祭日前夕,南京在地铁二号线云锦路站,地铁四号线鸡鸣寺、岗子村站点,再次设立了"和平许愿墙"。12月12日,记者在许愿墙前看到,不少路过的乘客驻足,写下对逝去同胞的缅怀和对和平的期盼,表达了勿忘国耻、珍爱和平的愿望。

(《金陵晚报》紫金山新闻记者 孙中元 摄)

截至12月12日中午,三处许愿墙上的大部分空间已被各种缅怀、祈愿之语填满。南京市民李铭在留言墙上写下了"铭记历史 不忘国耻",他说:"我就住在侵华日军南京大屠杀遇难同胞纪念馆附近,每天上下班都会从云锦路站经过,南京人一定要记住这段历史,珍惜当下的和平生活。"

家住鸡鸣寺附近的赵奶奶和老伴缪爷爷分别写下了"永远热爱我的祖国,祖国万岁""珍爱和平"等。赵奶奶说:"每一个中国人都不应该忘记那段惨痛的历史,因为经历了苦难,我们的国家和民族才变得更加强大。"缪爷爷说,作为老南京人,他熟知南京大屠杀历史,作为老一辈,他也体验过生活的疾苦,"我们这代人最能感受到现在生活的来之不易,生活的安定、顺心,国家快速发展,我们要珍惜这些。同时,我们更要教育下一代人不能忘记。"

除了路过的乘客,还有不少市民特意来这里写下祈愿和平的心声。外来务工人员潘露站在云锦路"和平许愿墙"前,认真看完了大家写的每一句话,然后拿起马克笔,郑重地写下"和平永驻,祖国万岁"。她说:"我老家是安徽宣城,铭记这段历史,不是为了仇恨,而是为了更多年轻人珍惜今天来之不易的和平,建设强大祖国,让中华民族再也不被欺负。"

据悉,南京大屠杀死难者国家公祭日"和平许愿墙"群众签名悼念活动从2016年开始举办,已举行7年,共有包括南京大屠杀幸存者、抗战老兵、大中小学生、国际友人、外地游客和南京市民在内的10万余名群众在"和平许愿墙"上签上了自己的姓名,写下对和平的祈愿。另外,除了在上述的地铁站点参与活动外,市民们还可扫描"和平许愿墙"上的国家公祭网二维码,在网上参与和平祈愿活动。

(《金陵晚报》记者 余梦迪)

十省市四十多所学校的学生共读国家公祭读本，历史的记忆，"声声"不息

85年，战争的硝烟虽已远去，但国之殇无法忘怀。12月13日上午，在第九个南京大屠杀死难者国家公祭仪式举行前，2022"童心记历史·云上共朗读"网络云班会活动在全国10省市40多所小学同时举行，孩子们通过网络"云课堂"共读国家公祭读本，同看国家公祭仪式，一起回望历史、传承记忆，传递和平之光。

2022"童心记历史·云上共朗读"网络云班会在南京金陵中学实验小学举行

12月13日上午8点50分，南京市金陵中学实验小学五年级（8）班，38名学生身着校服、佩戴红领巾，端坐课桌前，"童心记历史·云上共朗读"网络云班会线下活动在这里举行。

云班会上，侵华日军南京大屠杀遇难同胞纪念馆研究员王立结合史实，告诉孩子们南京大屠杀是南京城永久的沉痛记忆，是中华民族的深重灾难，也是人类文明史上黑暗的一页。南京大屠杀幸存者后人濮文为孩子们讲述了家族长辈亲身经历的血泪史，现场很多孩子湿了眼眶。

参加云班会的师生为南京大屠杀死难者默哀

同一时间，远在数百千米、上千千米以外的山东省潍坊市寿光市圣城街道文博小学、江西省信丰县小河镇长陵小学、陕西省商洛市山阳县王阎镇中心小学，以及重庆、辽宁、贵州、湖北、湖南、云南等10省市40多所学校的1万多名小学生也和南京的学生们同上这节网络云班会，共同朗读国家公祭读本。云班会让孩子们对这段历史有了更切身的感悟。山东省潍坊市寿光市圣城街道文博小学的学生张慧清说："今天的云班会让我感觉很沉重。我们有今天的幸福生活，是因为我们有强大的祖国。所以，我要好好学习，将来为国家做贡献。"

侵华日军南京大屠杀遇难同胞纪念馆研究员王立为参加云班会的同学们讲述历史

第五部分
警示醒世——守护世界记忆

小学生通过"云课堂",共同朗读国家公祭读本

云班会最后一个环节,"历史的记忆,'声声'不息"云朗读活动正式启动。著名影视表演艺术家宋春丽、崔根栓、郭广平、郭凯敏、陶慧敏、惠娟艳与知名演员吴其江、许多、赵麒等,率先为孩子们云领读国家公祭读本。随后,南京、潍坊、芷江三座国际和平城市及九一八事变发生城市沈阳等多地联动,万余名小学生接力朗读国家公祭读本。据介绍,云朗读参与者可在活动宣传页面上传自己的朗读音频,呼吁更多人铭记历史,共同维护来之不易的和平生活。

南京大屠杀幸存者后人濮文向学生们讲述长辈亲人经历的悲惨历史

当天活动受到新华社、央视新闻、中新社（中新网）、江苏新闻（荔枝网）等20余家央媒、省级媒体直播或报道。其中，中新社与江苏新闻（荔直播）国家公祭日特别节目均直播并报道了网络云班会，观看人数超1200万人次。

本次活动由中共南京市委宣传部、中共南京市委网信办、南京市文明办指导，南京市教育局、侵华日军南京大屠杀遇难同胞纪念馆、南京报业传媒集团等单位联合建邺区教育局、南京市金陵中学实验小学、南京阳光心汇心公益基金会、江苏省青基会励志阳光助学基金共同发起。

（《南京日报》紫金山新闻记者　许琴、苍淑珺、乔雅萱、耿海华、谢臻　通讯员　马兰、宋佩瑶）

日本侵华战争图片展在东京举行

"思考日中邦交正常化 50 周年与日本侵华战争"图片展 12 月 12 日至 18 日在日本东京举行。

图片展由日本"NPO 法人重庆大轰炸铭记传承会""NPO 法人 731 部队细菌战资料中心""中国文物返还运动推进会"共同主办。图片展内容分为南京大屠杀、731 部队细菌战、毒气战、重庆大轰炸、文物掠夺五个部分。

日本民众参观图片展（朱晨曦 摄）

主办方表示，今年是日中邦交正常化 50 周年，两国通过邦交正常化结束了战争状态。在日本侵华战争中，被日军杀害的中国人有几千万，侵华战争是非常残暴和不正义的。事实上，时至今日战争受害者的创伤仍没有愈合。然而，日本政府没有明确承认其对中国发动的战争是侵略战争，并接受和支持对日本侵略战争进行美化的靖国神社，这加剧了中方对日本的不信任。

国家公祭
解读南京大屠杀死难者国家公祭日资料集⑩

主办方表示，日中之间最重要的课题是"实现和平"。1972年日本在《中日联合声明》中表示："日本方面痛感日本国过去由于战争给中国人民造成的重大损害的责任，表示深刻的反省。"从这个角度来看，举行本次图片展的目的是让日本民众重新了解日本侵华战争。

一桥大学名誉教授田中宏在图片展上发表了题为《从南京大屠杀85周年来思考日中关系》的演讲。他对记者表示，南京大屠杀是不可否认的事实，否认南京大屠杀就相当于自己掐住了自己的脖子。只有从过去的历史中吸取经验教训才能思考未来。

一桥大学名誉教授田中宏在图片展上发表了题为《从南京大屠杀85周年来思考日中关系》的演讲（一濑 敬 摄）

从千叶县来到东京参观图片展的安斋彻雄告诉记者，他对侵华日军屠杀手无寸铁的中国民众感到震惊，想更多地了解这段历史。他认为，要想不再发生战争，就必须正视历史。

在图片展期间，日本山口大学名誉教授纐缬厚进行了题为《从侵华战争思考日本近现代史》的演讲，东京都历史教育者协议会会长东海林次男发表了题为《靖国神社"战利品石狮子"的由来》的演讲，军事记者大内要三发表了关于日本对华发动生物、化学战的演讲，"NPO法人731部队细菌战资料中心"的奈须重雄则进行了关于侵华日军第731部队在中国利用鼠疫跳蚤进行人体实验的演讲。此外，日本菲莉斯女学院大学名誉教授石岛纪之、庆应义塾大学讲师五十岚彰还将在图片展期间举办重庆大轰炸、日本掠夺中国文物相关的讲座。

奈须重雄发表关于侵华日军第731部队利用鼠疫跳蚤进行人体实验的演讲（一濑敬 摄）

（中新网东京12月16日电 记者 朱晨曦）

以舞致哀，祈愿和平！
舞剧《记忆深处》五周年再度震撼上演

2022年12月13日，在第九个南京大屠杀死难者国家公祭日当天，江苏省演艺集团举行了《记忆深处》五周年珍藏版画册赠送仪式暨公开演出，以此缅怀先灵，反映中国人民反对战争、祈祷人类持久和平的强烈心声。

张纯如父母获赠珍藏版画册

在赠送仪式上，江苏省演艺集团党委书记、董事长郑泽云，江苏省演艺集团总经理、董事柯军将0001号、0002号、0003号、1213号《记忆深处》五周年珍藏版画册分别赠予了侵华日军南京大屠杀遇难同胞纪念馆、张纯如父母、张纯如纪念馆及《记忆深处》导演佟睿睿。

据江苏省演艺集团副总经理王莉介绍，舞剧《记忆深处》由佟睿睿导演，聚焦南京大屠杀亲历者，艺术展现大屠杀惨案对人们的情感冲击及人们对和平的深切向往。2017年12月13日，《记忆深处》于第四个国家公祭日之际在南京首演。五年来，剧组克服疫情影响，走过了20多座城市，完成演出近50场，成为南京"世界反法西斯战争胜利纪念日""国家公祭日"等相关重大时间节点的固定演出剧目。2022年是南京大屠杀惨案发生85周年，也是《记忆深处》演出五周年，为此，江苏省演艺集团特别制作了1213本《记忆深处》演出五周年珍藏版画册。接下来，集团将继续推动《记忆深处》"走出去"，并计划在每年9月18日至12月13日这一特殊时间段进行巡演，以表达中国人民坚定不移走和平发展道路，宣示中国人民牢记历史、不忘过去，珍爱和平、开创未来的使命和担当。

公祭日以舞之魂，祭死难之生命

当天晚上7点30分，舞剧《记忆深处》在江苏大剧院上演。舞台上，由唐诗逸饰演的张纯如作为叙述者，自由地穿梭在各个事件当中，引出以拉贝和魏特琳为代表的救助者、以李秀英为原型的幸存者以及以东史郎为原型的侵略者等多位惨案亲历者的回忆。

随着她的每一次旋转、跳跃、翻滚、挣扎，观众的思绪也被她带回了那段黑暗的历史中。

从拉贝高高举起的红十字会的旗帜和魏特琳瘦削却强大的身躯中，我们看到了国际友人真切的救助；从跳下万人坑的平民和竭力反抗日军暴行的妇女中，我们看到了同胞们无力挣脱的绝望。伴随着幸存者的陈述、救助者的惊恐、施暴者的忏悔等多种声音的重叠交汇，整场演出到达了高潮，传递出"唯愿山河无恙，海晏河清"的深切愿望。

和平的钟声敲响，大屏上不断滚动播放着幸存者名单和国际救援组名单，整场演出也走进了尾声。主演们手捧蜡烛，缓缓走到舞台最前方。一排排燃烧的蜡烛，祭奠着那些在大屠杀中遇难的同胞们，祭奠着那些为抗战而牺牲的革命先烈和英雄们，祭奠着那些同中国人民携手抗击侵略者而献出生命的国际战士和国际友人们。

以舞之魂，祭惨案死难之生命，悼鲜血浸染之土地。演出结束后，现场观众仍沉浸在这段悲痛的过往中，久久未能平静。观众纷纷表示：我们要增强历史自觉与历史担当，努力创造更加灿烂的明天。

（通讯员　邹炜磊　《南京晨报》爱南京记者　陈起峥）

这1500多人不能湮没在时光里
——寻访约翰·拉贝的"中国朋友们"

姜正云、齐兆昌、陈嵘、陈斐然、刘文彬……有这样一批中国人，南京大屠杀期间在约翰·拉贝等人成立的南京安全区内工作，直面日军屠刀，守护同胞生命。

他们被拉贝称作"我的中国朋友们"，总共有1500多人，但他们中的绝大多数鲜为人知。在第九个南京大屠杀死难者国家公祭日到来之际，由南京师范大学张连红教授团队收录的"安全区中方成员名单"首次披露，100余位中方成员的姓名让这个群体第一次展示在世人面前。

与此同时，经AI技术修复，南京难民区国际救济委员会委员与金陵大学附属中学难民收容所职员的合影被清晰复原，这也是该所目前仅存的一张合影。南京大屠杀期间，这些以生命守护生命的中国人是谁？他们又做了什么？

经AI技术修复的南京难民区国际救济委员会委员与金陵大学附属中学难民收容所职员合影

围墙隔开人间与炼狱，80余人曾庇护1.5万人

"如果说我们外国人现在取得了一定成绩的话，那我们有很大部分要归功于——这点我们永远不会忘记——忠实友好地帮助我们的中国朋友们。"

——摘自1938年2月21日约翰·拉贝回国前的告别演说（下同）

1937年11月22日，约翰·拉贝等20多位国际友人成立了南京安全区国际委员会，与中方人士一起建立了3.86平方千米的南京安全区，金陵大学附属中学（今金陵中学）就坐落于安全区内。南京大屠杀期间，安全区庇护了20多万名中国难民免遭日军屠戮。

"当时，金大附中被辟为难民收容所，钟楼地下室、体育馆、口字楼、宿舍楼等住满了难民，一道围墙隔开了人间与炼狱。这里最多时曾庇护了1.5万余人。"金陵中学校史办老师张铭指着照片说。这张照片摄于1938年5月4日，由金中校友在耶鲁大学神学院图书馆发现，后复制提供给母校。

金中难民收容所所长姜正云，位于照片第一排右二。张铭告诉记者，姜正云曾是学校的舍监兼英文教员，南京大屠杀期间，他带领80多位义工，竭尽全力救助难民。

"金陵大学附属中学难民收容所及姜正云的名字，在《拉贝日记》中曾多次出现。"南开大学博士生杨雅丽说。杨雅丽主攻南京大屠杀史，几年前在南京师范大学攻读硕士研究生时，随导师张连红专题研究金中难民收容所。她告诉记者："金中难民收容所规模仅次于金陵大学难民收容所，是最后一批解散的6个难民收容所之一。"

那些不该被遗忘的中国人的义举，在张铭与杨雅丽的对话中变得清晰：薛万锦为难民安排住处、做饭，为了保护女性难民，他带人帮她们剪短头发，把脸抹黑；有中国士兵躲进来，他就提供便装，让士兵们换下军装。徐淑珍、徐淑德姐妹原本是难民，后主动加入救助队伍。

"刘文彬（又译刘文宾）遇害事件尤其让我印象深刻。"杨雅丽说。刘文彬会日语，日本人希望他当翻译，但他被抓后宁死不从，虽经南京安全区国际委员会委员贝德士努力营救，最终仍被杀害，他以生命诠释了什么是爱国和忠诚。

他一边流着愤怒的眼泪，一边控诉日军暴行

"我们委员会各部门的实际工作都是中国人做的，我们必须坦率地承认，他们是在比我们冒更大危险的情况下进行工作的……"

——约翰·拉贝

金大附中难民收容所没有西方人驻守，只能靠姜正云带着助手跟日方周旋，他们经常遭受谩骂甚至殴打。《拉贝日记》曾引用贝德士的书信称，1938年2月22日，日本士兵前来索要劳工，由于没有得到及时满足，就对所长姜正云拳打脚踢。

照片上的姜正云戴着圆框眼镜、穿着立领布衫，显得有几分拘谨。在那样的危局下，他是如何苦苦支撑的？几经周折，杨雅丽终于联系上姜正云之孙姜四华，这也是姜四华首次面对媒体讲述爷爷的经历。

1937年年底，战争的阴云笼罩南京城。金大附中西迁时，姜正云无法带着6个子女长途跋涉，决定留守，并担任了金大附中难民收容所所长，兼任安全区第二区区长。

但安全区并不安全，屠杀、强奸、抢劫、焚烧随时可能发生，饥饿更是司空见惯。最初金中难民收容所每天可分到8袋米，无奈人数太多不够吃，经姜正云不断申请，终于增加到12袋。姜四华说："爷爷用其中的10袋熬粥，再把另外两袋卖给有钱人，换来的钱用于难民收容所周转，勉强维持局面。"

姜正云的善于规划，也在相关研究中得到证实。杨雅丽说："1938年1月针对难民收容所大检查时发现，金中难民收容所不但管理有序，而且通过运作还有收入，拉贝先生在日记里曾给予高度评价。"

在姜四华的记忆里，爷爷只是一位曾经住在南京市三条巷126号的普通老人，沉默而慈祥。2018年9月，姜四华和家人到侵华日军南京大屠杀遇难同胞纪念馆祭奠爷爷，看到姜正云的照片下摘录了其写给安全区总干事费奇的信，信中写道："今天晚上，日本兵为了搜寻少女，闯入了我们的宿舍，到处充满了呜咽声，我毫无办法阻止她们哭泣……如果我们缺乏应有的速度，那么将有更多的人会惨死。我一边流着愤怒的眼泪，一边在写这封信。"此时此刻，姜四华更真切地体会到爷爷承受的压力和煎熬。

在那段时间，姜正云白天管理难民收容所，晚上记录日军暴行，并汇总为《南京金中难民收容所记录》。遗憾的是，杨雅丽在南京等地的档案馆、史料馆苦苦搜寻，但至今仍未寻找到这份记录。

点点微光，汇聚成穿越时空的人性光芒

"我谨向你们，各位先生们，以及你们的全体人员表示我最衷心的感谢……你们的工作将会载入南京的历史史册，对此我深信不疑。"

——约翰·拉贝

"除金陵女子文理学院难民收容所所长是美国人魏特琳，安全区国际委员会下设的其他难民收容所所长及助手都是中国人。"南京师范大学副校长、南京师范大学南京大屠杀研究中心主任张连红告诉记者。

12月初，历经24年研究，由张连红牵头编著的《南京大屠杀国际安全区研究》举行新书发布会，这是第一本系统研究南京安全区的学术专著，南京大屠杀期间"安全区中方成员名单"正是整理自这本著作。

"根据《南京国际委员会报告书》，1500多名中方人士直接参与了该委员会的各项工作。他们冒着生命危险挺身而出，不计报酬、义无反顾地参与难民救助，承担了大量具体而烦琐的工作。"张连红说。

在金陵女子文理学院难民收容所，已逾花甲之年的程瑞芳不惧危险驱赶频来作恶的日本兵。作为难民收容所唯一的护士，她还承担了校内卫生、产妇生产及儿童护理等繁重工作。

与魏特琳、程瑞芳同为金陵女子文理学院三人紧急委员会成员的陈斐然，孩子在老家出生也没能回去看一眼。为了保护难民，他被日本兵掌掴、带走，死里逃生。

金陵大学紧急委员会中方成员之一的陈嵘曾留学日本，他利用这层关系迫使日本大使馆和军方同意，在难民收容所大门口设立日本军人不得入内的告示牌，并与所长齐兆昌冒着生命危险巡逻保护难民……

"在1500多位中方人士中，我们已知姓名、了解主要活动的只有100余人，他们中的绝大多数甚至从未进入公众视野。"张连红带领团队仍在继续探寻更多的线索和细节，"反对侵略，反对暴力，捍卫人类尊严，人道主义是人类的共同追求。这1500多位中方人士和20多位西方人士一样伟大，共同折射出人性的光芒，他们绝不能被湮没。"

"幸存者越来越少，但我们对南京大屠杀史的研究还要进行下去，绝不允许这样的历史悲剧重演。"江苏省社会科学院研究员孙宅巍是国内首批研究南京大屠杀史的专家，虽已年逾八旬仍未停止对历史真相的追寻，"铭记这段历史，才能更好地珍爱和平。"

"距离南京大屠杀惨案发生已经整整85年了，这也是我们第一次真正走近拉贝的这些'中国朋友们'。他们仿佛是至暗时刻散落在南京城的点点微光，汇聚成穿越时空的人性光芒。"杨雅丽的下一站是姜正云的老家湖南岳阳，她将继续寻找那本《南京金中难民收容所记录》的踪迹。

（《新华日报》记者　田梅、黄欢、朱威、吴盈青、王宏伟）

彼岸鸢尾花开，一个人的力量可以汇聚成无穷
——走进张纯如的时空记忆

2022 年 8 月 20 日，被命名为"一个人的力量"的张纯如阅览室在美国旧金山市中心开设。张纯如生前在大洋彼岸点燃"直面历史真相、追求正义和平"的火把，并将它传递给其他人，如今仍在继续！第九个南京大屠杀死难者国家公祭日前夕，《新华日报》全媒体国际传播部联合海外抗日战争纪念馆共同推出《让世界看见南京 1937——走进张纯如的时空记忆》系列融媒报道，谨以此向张纯如和所有向世界讲述南京 1937 的人们致敬，捍卫人类和平，携手创造美好未来！

张纯如

① 鸢尾花斗士，张纯如的力量

2022 年，距离侵华日军南京大屠杀惨案的发生已经 85 年。8 月 20 日，"一个人的力量"阅览室在美国旧金山海外抗日战争纪念馆成立，纪念已故华裔作家张纯如（Iris Chang）。25 年前，她以英文写作的《南京浩劫：被遗忘的大屠杀》一书出版，打破了西方社会对南京大

屠杀长达60年的沉默。

张纯如阅览室成立，Iris从未离去

2015年，旧金山著名华人社会活动家方李邦琴女士捐赠房子成立海外抗日战争纪念馆。2022年，张纯如阅览室在三楼成立。"阅览室一共有四面墙。第一面墙是这本书的内容，第二面墙是张纯如的童年和写作经历，第三面墙是全世界对她的纪念，第四面墙是人们的留言。"海外抗日战争纪念馆理事李竞芬通过视频，向本报记者详细介绍了阅览室的构造。

张纯如生前在家附近拍摄的照片

1968年3月28日，张纯如在美国新泽西州普林斯顿出生，英文名是Iris。Iris意思是鸢尾花，鸢尾花的花语是力量。Iris也有"虹膜"的意思，是眼睛的重要组成部分，帮助人们看见世界。这个名字预示了她的一生。

1979年至1980年间，张纯如上五年级时，她开始对家族历史感到好奇。"我们和她讲述了1937年我父亲带着一家人在南京沦陷前艰难逃亡，中途差点走散的经历。"在张纯如母亲张盈盈的成长岁月里，父母曾多次和她讲述那段家族经历。于是，这些饭桌上的交谈成了张纯如写作的缘起。

写作缘起有些"偶然"，决定写作十分"突然"。1994年，26岁的张纯如在加州的一次会议上看到了许多反映日军侵华期间战争罪行的照片。也是在那时，张纯如了解到，直至当时为止，还没有一本用英语写成的关于南京大屠杀的专著。"这是一种道义上的责任，也是受害者们应得的公道。"张纯如在电话中这样向母亲阐述她的写作决心。

从 0 到 1，鸢尾花斗士"破冰"的力量

在第九个南京大屠杀死难者国家公祭日前夕，记者越洋采访了在美国旧金山的世界抗日战争史实维护联合会前常务副会长丁元。谈及印象中的张纯如，他说："其实她很内向，也曾面对恐惧，但她从未让恐惧战胜追求公正的决心。"初见张纯如之时，丁元就被深深打动，"她说很多人都需要一个声音，她愿意为受到不公平待遇的弱者们发声。"于是，丁元积极帮她安排在华盛顿特区国家档案馆和耶鲁大学神学院图书馆进行资料搜集工作。在那里，张纯如发现了大量珍贵的资料。

张纯如生前在查阅资料

李竞芬在接受采访时，也回忆起与张纯如的初识。"当时真的很震惊，这样年轻的女孩，怎么会想写这段历史？"李竞芬说，"我们帮她联系了南京的学者专家。很快，我们先前的顾虑就消失了。她意志坚决，也很有能力。"

1997年，《南京浩劫：被遗忘的大屠杀》一书出版，很快登上了《纽约时报》畅销书榜。在新书出版头一年，张纯如忙着去各地演说。"当时很多人都来帮忙。"丁元回忆说。

"那几年见证了纯如的飞速成长。"丁元说，"一开始，每次演说前她都要在旅馆房间里静坐一两个小时，有时还要回应日本右翼势力的攻击。"短短几年间，张纯如便把自己训练成了一位国际性的演说家，"她的每一次历练都成了经验"。

张纯如辗转多地搜集海量资料，让这本书成为侵华日军在南京实施暴行的铁证，打破了西方社会对南京大屠杀长达60年的沉默。她对历史真相及社会正义的热情在书中和每一次演讲中都表现得淋漓尽致，在美国社会引起了强烈反响。

从 1 到无穷，务必相信"一个人的力量"

在接受记者采访时，李竞芬提及她最近正在为今年的"南京祭"做准备。"第一届是 1996 年在斯坦福大学举办的，目的是让大家不要忘记历史，珍惜来之不易的和平。纯如当年是主持人，她完成得很好。"李竞芬回忆道。

2004 年 11 月 9 日，张纯如逝世。花了一年半的时间走出阴影之后，张盈盈决定把女儿的一生告知世界，并参与到传播这段历史的工作中去，完成女儿未竟的事业。

2005 年，侵华日军南京大屠杀遇难同胞纪念馆为张纯如铸造的半身铜像落成。2011 年，张盈盈写作近 6 年的《张纯如：无法忘却历史的女子——一个母亲的回忆录》一书出版。2017 年，淮安张纯如纪念馆开馆。

张纯如写作的《南京浩劫：被遗忘的大屠杀》这本书深刻影响了世界对这段二战历史的研究，她的勇敢和坚定也感染了许许多多的人，他们用不同的语言讲述南京 1937，为历史发声，为和平奔走。

据世界抗日战争史实维护联合会会长张蓝真介绍，前两年"南京祭"在线上举行，相关视频通过网络在世界各地传播。"未来我们会继续举办下去。"张蓝真说。张纯如用自己的生命照亮历史，用一生践行了她的人生格言"一个人的力量"。正如她 1998 年在高中母校毕业典礼上所说："你可以改变数百万人的生活。志存高远，不要限制住你的目光，永远不要放弃你的梦想或理念。"

"我们只有每个人心里都向往和平，从自我做起，为和平的现实和未来付出自己贡献的时候，我们才能相信，未来不会有创伤。"南京大学历史学院教授、联合国教科文组织和平学教席主持人刘成说。许如萤火，汇成星河。每一个个体力量可以汇聚成强大的力量，薪火相传，生生不息。

②紫金草记忆，张纯如的"相遇"

传承记忆、传播史实，今年，首批 13 名南京大屠杀历史记忆传承人上岗。其中，13 岁的李玉瀚是幸存者夏淑琴的曾外孙，也是 13 人中最年轻的一位，他时常听曾外婆讲起张纯如的故事。

1995 年奔赴南京，寻找物证采访幸存者

12 月上旬，本报记者独家采访到 90 岁的侵华日军南京大屠杀遇难同胞纪念馆原副馆长段月萍，回忆起 1995 年那个夏天，段月萍说，当时张纯如来到南京寻找人证物证，提出了三个具体要求：采访幸存者，实地查看当年屠杀地点和当年外国人居住的房屋，收集并翻译中

国家公祭
解读南京大屠杀死难者国家公祭日资料集 ⑩

1995年，张纯如采访幸存者

文档案资料。

段月萍每周带张纯如走访幸存者，江苏省行政学院世界经济与政治教研部教授、国家记忆与国际和平研究院研究员杨夏鸣担任翻译，江苏省社科院历史研究所原所长、国家记忆与国际和平研究院研究员王卫星负责帮其搜集文字资料。

"首先去了挹江门附近绣球公园内的纪念碑，接着是中山码头、煤炭港、草鞋峡，然后是燕子矶、东郊丛葬地，最后是中华门外的普德寺，几乎绕了南京大半圈。张纯如先后采访了南京大屠杀幸存者唐顺山、夏淑琴、潘开明、陈德贵、侯占清、李秀英、刘芳华、刘永兴以及侯占清之子等。她采访的十几位幸存者中，目前在世的只有夏淑琴。"段月萍说，采访的这些幸存者大都是身上有伤疤的。

夏淑琴是张纯如采访的第二位幸存者。当年，采访在露天的树荫下进行，天气炎热，蝉的鸣叫声非常响，录像中夏淑琴的声音显得很低。

93岁的夏淑琴回忆："我向张纯如讲述，1937年侵华日军南京大屠杀时，只有8岁的我挨了3刀，一家除我和4岁的妹妹外全部被杀。我还给她看了身上的3处刀疤。"

"夏淑琴还带我们去了南京新开路5号，这一地址和夏淑琴一家的遭遇多次出现在当时留在南京的外国人的日记、书信中。"杨夏鸣说，"夏淑琴当时指着一扇雕花窗户，说这还是当年的窗户。"

"一想到这扇窗户目睹了当年这里发生的一切，我们不由感慨万千！"段月萍告诉记者，站在老房子前，杨夏鸣给他们四人拍了一张照。

王卫星回忆张纯如南京之行时谈到，每次采访结束，她都会给幸存者一些钱表达心意，在采访完幸存者陈德贵回来的路上，张纯如郑重地说，等到这本书写完出版后，她要去学法律，

1995年，纪念馆原副馆长段月萍（左一）陪同张纯如（左三）走访南京大屠杀幸存者夏淑琴（左二），听她讲述当年的家庭遭遇

将来代表这些幸存者与日本打官司，以得到日方的赔偿。她认为她必须站出来，为他们呐喊奔走。

找到约翰·拉贝外孙女，发现物证《拉贝日记》

张纯如的母亲张盈盈在接受采访时表示，1995年从南京回来之后，张纯如并未停止寻找侵华日军南京大屠杀历史其他人证的脚步。

"她开始动手搜集更多关于约翰·拉贝的资料。"张盈盈说，张纯如为了寻找约翰·拉贝后人，写信给了德国西门子公司的总部。约翰·拉贝曾经是该公司的员工，但管理人员表示没有任何关于约翰·拉贝1938年之后行踪的信息。

张纯如的母亲张盈盈

据张盈盈回忆，1996年4月26日，一位对汉堡城市历史十分了解的德国女士写信告知张纯如，她已经找到了约翰·拉贝的外孙女乌尔苏拉·莱因哈特。莱因哈特是拉贝最宠爱的外孙女，她一直小心保存着由妈妈转交给她的外公的文件、日记和照片，其中就有极其宝贵的南京大屠杀的记录文献。

1998年，在多伦多举行的一场新闻发布会上，约翰·马吉的儿子大卫·马吉向张纯如展示了他父亲当年在南京拍摄下日军暴行的相机。

"祖父理查德·布莱迪当年曾是鼓楼医院的一名外科医生，1998年，张纯如还在密歇根州见到了我的父亲尼尔·布莱迪。父亲将当年南京安全区的一面红十字旗赠予张纯如，张纯如后来将它捐给了斯坦福大学胡佛研究所。"史蒂芬·布莱迪告诉记者，"父亲在南京长大，近几年我曾去过几次他和祖父在鼓楼医院住过的那个房间，推开窗户，窗外的南京已与他们当年看到的完全不同。"

点燃传播历史记忆的火把，并将它传递给其他人

"在西方世界此前对这段历史知晓不多的情况下，在对抗日本右翼阻挠历史真相记录传播的没有硝烟的战场，张纯如是极具历史良知的斗士与和平使者。"南京大屠杀历史记忆传承人常小梅说。

当年帮助过南京人民的国际友人后人中，也出现了越来越多的年轻面孔，他们都是张纯如"一个人的力量"的延续。

1937年，常小梅的父亲常志强一家6个人在侵华日军南京大屠杀中丧生。"父亲以前不愿意提起，1997年起，也是张纯如出书那年，他开始向世人讲述那段苦难遭遇，每次都控制不住自己的情绪，声泪俱下。"常小梅说，"和张纯如一样，2018年，我写作出版了《南京大屠杀幸存者常志强的生活史》，希望用文字来传承记忆、传播历史。"

"'一个人的力量'是张纯如一生的信念，也一直影响着我，我也想像她一样，向世界讲述1937，让悲剧不再重演，让世界上不再有战争，和平永驻。"李玉瀚说。

"高中时想从书上找到这段历史，但当时西方国家能找到的资料有限，直到20世纪末，通过张纯如的《南京浩劫：被遗忘的大屠杀》，我才详细了解到这段历史，几年前我回到南京，从祖父拍摄的南京大屠杀电影胶片中，选取建筑、街道和河流画面，拍摄相同地点的照片，与祖父用镜头对话。"约翰·马吉之孙克里斯·马吉告诉记者。

尤里克·莱因哈特是当年救助过南京人民的国际友人约翰·拉贝的后人。"当年张纯如坚持寻访约翰·拉贝后人和发现《拉贝日记》，也让先辈约翰·拉贝的故事可以被更多人知道。"尤里克·莱因哈特说，她除了坚持做公益，大学毕业后还走上医护岗位，为了不能忘却的记忆，为了和平,每一个人都应该贡献自己的力量。

③点燃火把,张纯如的"传递"

11月23日,"不能忘却的纪念"张纯如图片展在南京开展,以展出照片、用品和影视资料的方式讲述张纯如的一生,许多受到张纯如影响、在海外积极传播南京大屠杀史实的华人华侨专程到此纪念和致敬。25年前,张纯如以英文写作的《南京浩劫:被遗忘的大屠杀》一书出版。在她之后,许许多多的人受到影响,积极用自己的行动传播南京大屠杀史实,传递"一个人的力量"。

第九个南京大屠杀死难者国家公祭日前夕,"不能忘却的纪念"张纯如图片展在南京开展

和张纯如时空"相遇",人们以她为榜样

旅加华人、致力于在海外传播南京大屠杀史实的余承璋在加拿大接受记者专访时说,她至今记得2002年张纯如到多伦多推广《南京浩劫:被遗忘的大屠杀》时,自己第一次见到她的场景。"打破西方社会对南京大屠杀长达60年的沉默的竟然是这样一位年轻的女子。我钦佩于她的才能,感动于她的决心。"余承璋说。

"我的父母是南京大屠杀幸存者。小时候,我经常听他们讲起那段惨痛的历史。"余承璋和家人历时多年,辗转美国与加拿大的图书馆,收集整理了曾经在东京审判中将南京大屠杀元凶之一松井石根绳之以法的诺兰的相关文件。2019年,余承璋向侵华日军南京大屠杀遇难同胞纪念馆捐赠了远东国际军事法庭加拿大检察官诺兰的3000余页珍贵史料。

国家公祭
解读南京大屠杀死难者国家公祭日资料集⑩

世界抗日战争史实维护联合会前秘书长、旧金山抗日战争史实维护会前会长谭思丹是张纯如阅览室的一名义工。当年，她曾出借自己的办公室给张纯如，方便她写作。接受记者视频专访时，谭思丹在镜头中展示了张纯如给她签过名的《南京浩劫：被遗忘的大屠杀》这本书，"我会继续在这里做义工，这是我纪念张纯如的方式。"

来自韩国的李度宪现在在南京读书，他是侵华日军南京大屠杀遇难同胞纪念馆的一名紫金草国际志愿者。"我从小就了解南京大屠杀这段历史，因为韩国有着同样悲惨的经历。"李度宪说，"我也想和张纯如一样，向世界讲述那段历史。"

"一个人的力量"，在年轻人中传递

吴中信是美国旧金山海外抗日战争纪念馆的一名义工，据他介绍，今年8月张纯如阅览室成立以来，许多外国人都曾来参观。"这间阅览室成立的意义，是想要告知全世界历史的真相，提醒人们珍视和平。来这里的大多是年轻人。"吴中信说，"这些年轻人看后都说很感动，觉得张纯如非常了不起。"

张纯如"一个人的力量"在各国年轻人中传递。在阅览室的留言板上，有来自不同国家的不同年龄的人们写下的留言，大部分是用英文书写的。来自旧金山的5岁女孩杰西卡今年10月29日用英文写道："你很美丽，张纯如！我喜欢你。"一个7岁的小孩用中文写道："铭记历史，珍爱和平。"一位叫马库斯·霍金斯的访问者写道："谢谢你揭示了二战的另一场大屠杀，我觉得更多的人应该知道这段历史。为南京的受害者和张纯如祈祷。"一位访问者用中文写道："怀念张纯如！"主体用英文写着："亲爱的Iris，非常感谢你所做的一切。你的勇气，你的奉献，你的悲伤，你牺牲你的生命告诉世界那段悲惨的历史，是使世界变得更美好的原因。"

在美国旧金山，张纯如阅览室的留言墙上贴满了留言

传承记忆传播史实,汇聚捍卫和平合力

美国记者理查德·罗斯莱德曾这样评价张纯如:她点燃了一支火把,并将它传递给其他人。据张盈盈回忆,2018年她去墓地看望女儿时,遇到一位来给张纯如献花的女孩。女孩成立了一个群,起初是想替张纯如照顾父母,后来成了张纯如纪念群,在海外传播史实。"群里起初只有四五十人,现在已经有两百多人了,他们都是纯如'一个人的力量'的延续。"张盈盈说。

刘成认为,和平是需要争取、教育和每个人去为之浇灌的,"从现在做起,从每个人做起,在海内外汇聚捍卫和平的合力,把未来与和平相连。"

(《新华日报》记者　沈峥嵘、付岩岩、蒋楚嫣、钱盈盈)

"激活"档案，让历史说话
——12·13，南京记忆

2015年10月，联合国教科文组织把《南京大屠杀档案》列入《世界记忆名录》。这份档案共11组，包括南京市档案馆提交的"南京大屠杀案市民呈文"，以及藏于中国第二历史档案馆、侵华日军南京大屠杀遇难同胞纪念馆等馆的"身处国际安全区的金陵女子文理学院舍监程瑞芳日记""美国牧师约翰·马吉16毫米摄影机及其胶片母片""南京军事法庭审判日本战犯谷寿夫判决书正本"等内容。

这些年，在南京地区多家档案馆、纪念馆、博物馆的不懈努力下，南京大屠杀档案资料仍在不断被挖掘，档案形式也日渐丰富。通过"激活"一份份珍贵的历史档案，这段惨痛的记忆不断延续，警醒世人反对并制止灭绝人性的残暴行径，让历史的悲剧不再重演，让和平的阳光普照世界。

档案中的苦难和抗争

作为中国近代工业始发地之一，南京在20世纪上半叶的中国工业体系中占有举足轻重的地位，留有大量的工业遗存。近年来，南京社会各界深入挖掘工业遗产中的档案史料，开设了一批档案史料陈列馆，收集、推出了一批与反映南京地区全面抗战及南京大屠杀惨案相关的史料，完善城市记忆，传递当年南京人民与社会各界顽强御敌、保家卫国的光荣历史。

江南水泥厂档案史料馆：1937年的"江南方舟"

坐落在栖霞山东麓的江南水泥厂，其前身江南水泥股份有限公司是我国近现代民族工业发展的一帧缩影。今年9月，江南水泥厂档案史料馆正式开馆。

1937年11月4日，筹办2年的江南水泥厂开始空载试运转。然而第二天日军就攻占了杭州，很快战火蔓延到南京。为了避免工厂落入敌手，江南水泥厂特地聘请德侨卡尔·京特和丹麦史密斯公司代表伯恩哈尔·辛德贝格前来南京保护工厂。此后，在侵华日军南京大屠杀期间，江南水泥厂拯救了数以万计的中国同胞。

江南水泥厂内的辛德贝格雕像（《南京日报》紫金山新闻记者　丁劼　摄）

江南水泥厂档案史料馆是由当年卡尔·京特等人的办公楼改建而成，馆内展出了许多水泥厂当年的函件、厂志，展现了民族实业家和日军顽强斗争的历史，还展出了一批京特夫人等人捐赠的历史照片，记录了江南水泥厂救助难民的往事。比如当年水泥厂与市区通讯中断后，辛德贝格开着汽车奔走在被炸得千疮百孔的道路上，多次到鼓楼医院红十字会接洽医生和护士进厂支援。照片还拍到了江南水泥厂创办的临时医院，这里当时救治了大量伤病员。

南化公司厂史陈列馆："无字硝酸塔"见证抗战史

1934年，中国石化集团南京化学工业有限公司的前身永利铔厂诞生，以其规模和一流的人才、技术令中外瞩目。

2003年，南化公司厂史陈列馆成立，并于2014年改扩建，免费对外开放。整个场馆以创始人范旭东"报国为民，发展实业"精神为主线，完整展现中国现代化工的起源和典范，更记录着抗日战争中的南京烽火岁月。

"1937年12月13日，日军占领了永利铔厂，于1942年将全套硝酸设备劫运到日本九州，包括最重要的硝酸吸收塔。"南化公司党委宣传部南化报社总编辑黄静告诉记者，南化公司厂史陈列馆内这一张题写着"索回后的硝酸设备重新安装并投入生产"的史料照片，背后蕴含着无数民族实业人不懈抗争的辛酸血泪。

黄静介绍，抗日战争全面爆发后，工厂配合战争需要转产硝酸铵。面对深重的民族危机

永利铔厂硝酸部（1936年摄）

和日方的威逼利诱，永利铔厂"宁举丧，不受奠仪"，全体职工尽一切所能支援抗战。

抗战胜利后，永利铔厂强烈要求日本归还劫走的全套硝酸生产设备，侯德榜等先辈通过盟军总部艰难交涉，历时2年8个月，最终日本方面归还除铂金网外的所有硝酸设备。这也是我国当时从日本索回的唯一一套设备。"硝酸塔运回后立即被重新安装并投入生产，一直运行至2011年4月退役，创造了世界化工史上的奇迹。"黄静表示。

南京水务历史展览馆：不可磨灭的铁证

长江的轻涛细浪，成就了南京钟灵毓秀的景象，也成就了南京第一座自来水厂——始建于1929年的北河口水厂。如今，水厂内设立了一座南京水务历史展览馆。这里不仅记录了南京水务发展的全过程，也见证了南京城曾经遭受的苦难，和南京人民在中国共产党领导下奋勇抗争、不懈奋斗的历程。

展馆里陈列着一张供水卡片，卡片上清楚地记载着这些信息：昭和14年（1939），利济巷普庆新村，"慰安所"……南京水务集团相关工作人员介绍，这张供水卡片是在2019年翻建展馆时，工作人员根据一张老照片里的线索，从新中国成立前的水卡档案中找到的重要发现。它不仅说明了当年日军恢复水厂供水只是为自己侵占城市的需求，更成了日本侵略军在

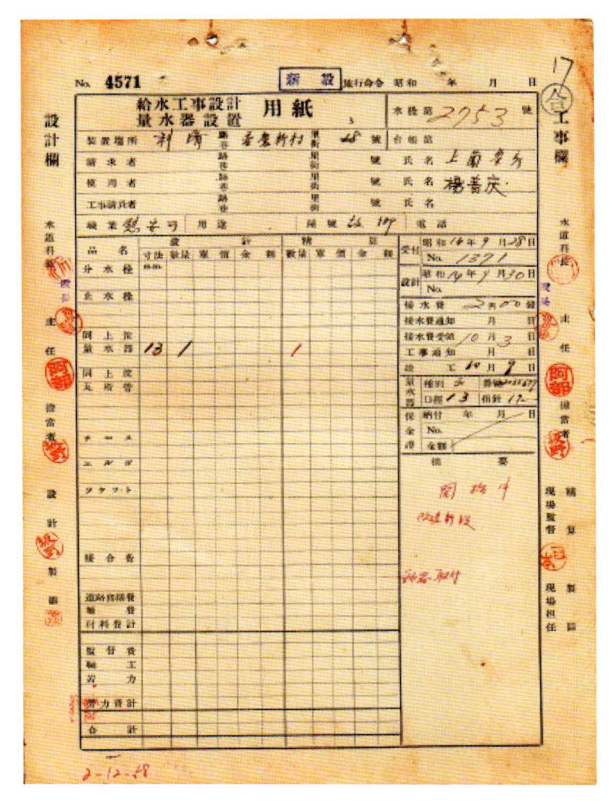

记载着"慰安所"地址的供水卡

南京设立"慰安所"的重要证据。

竹镇"六合抗日斗争展":军民齐心,抗争到底

"好一朵美丽的茉莉花,满园花草香也香不过它。"1942年,新四军战士何仿在六合金牛山一带采风时收集到《鲜花调》歌谱,后改编成《茉莉花》,它带着人们穿越烽火硝烟,成为六合的红色印记和精神象征。去年,六合区以"军号与《茉莉花》"为主题,在竹镇多彩文化交流体验中心推出了"六合抗日斗争展"。中心负责人张建涛介绍,展览开放以来已有450多个团体、2.1万余人前来参观。

1937年12月,南京城区和六合县城相继失守,大量群众逃难到竹镇。1938年夏秋之际,竹镇惨遭敌机9次轰炸,上千群众伤亡。1939年夏,新四军进入竹镇,面对凶残的侵略者,与群众团结一心浴血奋战,竹镇也成为新四军在津浦路东的主要根据地之一。展览中展出的一张1941年苏皖边区第三行政区专员公署印发的"抗属证",以及当时新四军颁发的"抗属荣誉肩章"和家属证明书,都证明了人民群众支援抗战、支援革命部队的鱼水之情。

展厅中还有一张颇为特别的证书,是1942年9月21日六合县兆壁乡(现属竹镇),25岁的汪业彩志愿参加妇抗会的证明,侧面反映了当时六合女性积极参加抗战的热情。证书旁的展板上则记载了"兆壁乡"的由来：1941年5月30日，500多名日伪军从来安到竹镇区抗日根据地"扫荡"，竹镇区工抗理事长史兆壁带领15人奋力抵抗，不幸腿部中弹，日伪军沿着血迹追到井二王庄一农户家里将其杀害。史兆壁牺牲时年仅21岁，竹镇区为他召开了追悼大会，并把井二王庄所在的白羊乡改名为兆壁乡。

红色展陈与数字化传播，推动抗战记忆深入人心

"步哨呼觉征人起，欣然夜半到高淳。"1938年6月，陈毅率新四军来到南京，写下了《东征初抵高淳》一诗。在本月开幕的"奋斗与梦想——南京市革命老区历史贡献和建设成就展"上，许多观众在这篇诗歌手稿前驻足。近年来，市档案馆、市委党史办等多个部门整合全市红色资源，精心组织推出了一批与抗日战争及南京大屠杀相关的展览与文献纪录片，弘扬南京人民抗战精神、传递历史记忆。

今年12月1日，"奋斗与梦想——南京市革命老区历史贡献和建设成就展"在渡江胜利纪念馆开展。韦岗伏击战、金牛山反袭击战、桂子山战斗……展览负责人杨学功介绍，"峥嵘岁月稠"篇章展现了新民主主义革命时期，中国共产党领导新四军进入南京，团结广大民众和地方武装进行游击作战，为挽救民族危亡前赴后继的峥嵘岁月。此次展览用到了一份《石臼渔歌》的歌谱，它也在市档案馆推出的"南京红色档案展"上惊艳亮相。市档案馆宣传教育处处长王伟介绍，1943年，新四军第一师苏南巡视团团员孙海云在孔镇附近石臼湖的沙滩上即兴写下歌词，后由作曲家涂克谱成曲，被新四军部队和苏南群众广泛传唱，极大地鼓舞了战士与人民的士气。

眼下，南京抗日航空烈士纪念馆正在展出"红色飞鹰——笕桥航校中走出的中国共产党人"专题展，展示中国共产党在不同历史时期的航空初心和披荆斩棘的强国之梦。此前，该馆与市档案馆、市委党史办联合打造的"1937·南京空中保卫战"展览曾引起较大轰动。该馆研究馆员苏艳萍介绍，"1937·南京空中保卫战"展览不仅讲述了高志航、乐以琴、刘粹刚等航空英雄的事迹，也展出了南京空中保卫战及抗战初期中日作战的飞机型号，"许多档案是来自中国第二历史档案馆、市档案馆的珍贵原始档案，尤其在南京御敌备战部分，大批原始档案均为首次开发利用。"

除了在史料挖掘、内容整编方面精益求精，市档案馆在数字化传播手段方面也不断创新。其推出的"全面抗战中的南京记忆"展览，首次采用线上虚拟展览的形式，创新推动档案资源数字化保存与传播。同步推出的还有市档案馆精心组织摄制的5集系列短片《南京周边的抗日民主政权》，通过深入探访竹镇、横山、李巷、西舍等地，讲述南京周边地区抗日民主政权从无到有、艰难发展的历程。市档案馆还与南京电影制片厂联合摄制了文献纪录片《一座工厂的抗日传奇》，并在央视中文国际频道《国家记忆》栏目播出。该馆宣传教育处处长王伟介绍，整合全市红色档案资源，进行全方位的保护和开发，取得了良好的社会效应。

新闻附件

文献书籍里的战争损失记忆

近年来，一批和南京抗战有关的文献书籍刊出，对挖掘和保留历史记忆做出了极大贡献。其中，南京市档案馆在国家档案局组织下，牵头整理编撰了一批《抗日战争档案汇编》。中山陵、江南水泥厂、永利铔厂、首都水厂……文献资料中详细记录了它们在抗战时期蒙受的巨大损失和苦难。

《抗战时期中山陵档案汇编》：到1947年4月，经各亲属呈报、审核，陵园警卫大队于1937年12月为死守南京阵亡或遇害人员有24名。

《抗战中的中山陵》：日军为争夺中山陵园附近的阵地，除用坦克、飞机、大炮外，还采取了火攻，使陵园遭到很大破坏。中山文化教育馆、奉安纪念馆、永慕庐、永丰社、桂林石屋等全部被毁，藏经楼、中央体育场、革命历史图书馆等大部被毁，文化资料、天文仪器被掠夺一空。

《江南水泥厂战时损失及战后重建档案汇编》：1943年12月起至1944年9月，江南水泥厂内生产水泥的主要设备"四磨二窑"被日方强行拆走，分三批运往山东。被掠设备中，单是购自丹麦史密斯公司的两条生产线机器及附件，1935年采购时价值就已达9.58万英镑又1.1万美元。

《永利铔厂故事》：1937年8月到10月，日军先后三次轰炸永利铔厂，厂区中弹87枚；12月，厂房遭到日军焚烧，凉水塔和除气塔从此毁灭不见。1942年，日本当局下令将永利铔厂生产硝酸的全套设备强行拆卸，运往日本九州，共计28套设备1482件，总重量550吨，全为高级合金钢板制成，其中仅作催化剂用的铂金网就价值4万美元。

（《南京日报》紫金山新闻记者　苍淑珺、高洁、丁艺、乔雅萱、许琴、谢臻　通讯员　王宇、陈越、张蓉、崔久强）

寻找侵华日军"慰安妇"制度受害幸存者

时间刚迈进 2022 年最后一个月，岳阳市平江县就下起了今冬的第一场雪。

细雨夹着小雪，伴着北风而来。这是一年中最难熬的时节。

12月12日，第九个国家公祭日前夕，气温骤降，直逼冰点，整个平江县城似乎都被封冻起来。在这个寒冬的早晨，102岁高龄的方巧梅老人溘然长逝。此时，离她被确认为"慰安妇"制度受害幸存者仅仅过去半年。

方巧梅跟养子一家住在平江县的大山深处，生活清贫。去年中风导致瘫痪，只能整天坐在轮椅上。

1939年，日军从江西修水方向来到村子里，带走了方巧梅。其时，她刚生完儿子还未满1月。直到8天后，饱受日军蹂躏的方巧梅才回到家里，此时襁褓里的孩子因为没有奶吃已经饿死了。

在此后的漫长岁月里，方巧梅始终活在难以纾解的痛苦中，直到程梁找到她。

2022年5月30日，程梁在湖南省平江县三阳乡走访调查

（《南京日报》记者 姚强 摄）

一

　　程梁是侵华日军南京大屠杀遇难同胞纪念馆分馆——南京利济巷慰安所旧址陈列馆的志愿者，他常年奔波于湖南、江西、广东等地，翻山越岭，过江涉河，通过实地走访打捞历史的碎片，寻找"慰安妇"制度受害幸存者。经程梁发现，由南京利济巷慰安所旧址陈列馆确认的"慰安妇"制度受害幸存者多达25名。方巧梅正是他今年新发现的3名"慰安妇"制度受害幸存者之一。

　　程梁第一次接触"慰安妇"这个词是在2013年，彼时，他还是一个寻找抗战老兵公益组织的志愿者。

　　有一次，程梁坐出租车时，听司机说起，岳阳市梅溪乡有个老太太，是外地人，村里传言她被日本人抓去做过"慰安妇"。

　　刘慈珍就这样进入了程梁的视野。

　　面对程梁的初次到访，刘慈珍并不欢迎。对于往事，她避而不谈，只是不断重复说："我不记得了。"

　　从进村庄的大路到刘慈珍家有一段斜坡，程梁不记得自己来来回回走过多少次，他不再问那些陈年旧事，每次去看刘慈珍，就陪老人坐在屋前，一老一少，聊聊家常。

　　刘慈珍喜欢戴一顶紫色毡帽，穿戴整齐，搬一张小板凳坐在门口，看着路上车来人往。有了程梁的陪伴，日子似乎也变得不再那么枯燥。

　　刘慈珍慢慢和程梁熟络起来，她说，自己曾在湖南湘潭帮中国士兵洗衣服、照顾伤员。根据这一关键描述，再加上其他的史料旁证，刘慈珍被确认为抗战老兵。

　　刘慈珍的故事并没有结束。

　　在一次聊天中，刘慈珍无意中说道："我这辈子被日本人害苦了。"

　　怎么害苦的？程梁刚想追问，刘慈珍却摆摆手说："几十年前的事了，都过去了，忘记了。"

　　刘慈珍欲言又止，眼中却噙满泪水。那一刻，程梁才明白，历史的伤口一直都在，只是曾被避而不谈。

　　2015年12月1日，南京利济巷慰安所旧址陈列馆正式开馆。这是中国首座经"慰安妇"亲自指认的以"慰安妇"为主题的纪念馆，这里见证了日军在中国的罪行，承载着"慰安妇"的伤痛和血泪。

　　2017年，程梁成为南京利济巷慰安所旧址陈列馆志愿者。

　　与此同时，经过多年的走访，刘慈珍终于对程梁卸下防备，敞开心声，她的人生轨迹逐渐变得清晰起来：刘慈珍，原籍湖南湘潭。1944年日军进犯湘潭，同年6月17日，16岁的刘慈珍在家中阁楼上被日军发现，带至楼下当场强暴后掳走，与其他十几位中国女性一起被关押在易俗河镇，被迫成为"慰安妇"，数月后她被中国军队解救，之后留在部队，成为一名看护兵。

2017年6月17日，程梁陪同刘慈珍回到湘潭。这是老人时隔73年第一次回到湖南故里。一同回家的，还有她的妹妹刘蓉芳。刘蓉芳住在江西萍乡，姐妹俩几十年音信不通，甚至都不知道对方仍然在世。

就在这次回乡聚会上，程梁听当地的志愿者说，刘蓉芳也曾被日军掳去。

和刘慈珍一样，刘蓉芳几乎一生都在极力避免回忆这段痛苦的往事，但姐妹二人的再度重逢，让她悲喜交加，往日的情形一幕幕浮现：日军攻占湘潭后，刘蓉芳被日本兵掳走，带到萍乡，饱受痛苦与折磨。后来，她趁守卫换班时，逃离了魔窟。由于这段屈辱的经历，刘蓉芳没有返回故乡，一直生活在江西。

最终，刘慈珍和刘蓉芳姐妹俩都被确认为"慰安妇"制度受害幸存者。

凌辱之痛，铁证如山。

二

同龄的年轻人大部分都在城市打拼，程梁为何一头扎进田野乡村，做起又苦又累的志愿工作？

程梁把这归结于小时候在农村和奶奶一起生活的经历，"从小在农村长大，和老人特别亲近。"虽然成年后曾外出打工，但他最终还是选择回到家乡。在程梁看来，这片养育湖湘儿女的土地是他的根，他爱这片土地，更爱这片土地上的人。

2017年8月，关注"慰安妇"幸存者的长篇纪录片《二十二》公映，这部电影给了程梁极大的震撼，熟悉湖南抗战史的他深知，像这样的老人，在湖南还不是一个两个。

据史料记载，1938年，日军在侵占武汉后，开始进攻湖南。1938年至1945年间，中国军队在湖南战场上进行了大规模的正面抗战，其间湖南半数以上的城镇都曾陷落。日军在占领地肆无忌惮地抓捕当地妇女充当"慰安妇"，举凡日军所到之处都设立了"慰安所"。

"慰安妇"如同被日军"困在地狱里的囚徒"，遭受了惨绝人寰的虐待。她们要么悲惨死去，要么生不如死，随后几十年岁月中隐居大山深处，与世隔绝，始终生活在噩梦般的记忆里。

作为同乡，作为后辈，程梁觉得自己一定要为这些饱受苦难折磨的"嬷驰"（编者注：湖南方言里对年老妇女的尊称）做些什么。

寻找的过程是艰难与漫长的。

程梁遇到过许多像刘慈珍一样的老人，她们有的人绝口不提过去，有的人一听到"慰安妇"

话题就发火，有的人拒绝探望甚至把慰问品扔出屋外……他后来才渐渐懂得，日军暴行终止于1945年，但是伤害并没有终止。和身体的创伤相比，一直困囿于痛苦的记忆中才是对老人最大的伤害。

于是程梁给自己设了一条底线：把每一位老人都当作自己的奶奶一样看待，不能对老人进行二次伤害。以真心换真心，那些活过了近一个世纪的老人才会愿意向陌生人打开心扉。

在走访调查中，程梁发现，许多"慰安妇"制度受害幸存者因为当年曾遭受暴行，无法结婚生育，只能在福利院或敬老院中度过生命中最后的时光。

2017年，程梁开始排查当地的福利院、敬老院，很快就在岳阳的一家福利院找到了彭仁寿。

1938年，14岁的彭仁寿在岳阳排行李村山上砍柴时被"扫荡"的日军发现，她惊慌地逃回家中，躲在夹墙中不敢出来。第二天，日军来到村里，以村里50多条人命威胁，要求交出"花姑娘"，为了救人，彭仁寿只得听从日军的命令，被带去了位于郭镇的"慰安所"。半个月后，日军士兵用刺刀残忍地在她肚子上划了一道接近一个成年男子手掌长度的口子，把她扔出了"慰安所"。被村民们救回家的彭仁寿已经奄奄一息。经过救治，彭仁寿保住了性命，却永远失去了生育能力。

彭仁寿带着伤疤、扛着苦痛踽踽独行于人世间，从未对人提起过做"慰安妇"的事。一直到2017年，93岁的她似乎感受到自己的生命正走向尽头，有些秘密再不说就没有机会说了。

程梁主动和彭仁寿攀谈，发现老人记忆力很好，语言表达也很有逻辑性，说到情绪激动处，她一把掀起衣服，露出腹部一道触目惊心的疤痕，这正是侵华日军暴行的铮铮铁证。

彭仁寿一口气讲完自己的遭遇后，如释重负般躺倒在床上，不停地抚慰自己的胸口，宛如卸下了桎梏一生的枷锁。

2018年7月，程梁陪同南京利济巷慰安所旧址陈列馆工作人员赴岳阳看望彭仁寿，老人再次强烈要求把她的经历公之于世。

三个月后，彭仁寿因脑梗入院，程梁前去探望她。"老人身体各项机能退化严重，但意识仍然很清楚。我去看她时，她紧紧攥住我的手，她还记得我。"

2018年11月22日，彭仁寿去世，享年94岁。

这位坚强的老人在生命的最后时刻，用尽一生的力量，完成了对侵华日军暴行的强烈控诉。

彭仁寿的妹妹彭竹英在姐姐的感召下，也向程梁道出自己做"慰安妇"的经历。

与硬朗的彭仁寿相比，彭竹英性格内向些。以前提及往事，老人会发抖、流泪，甚至还会被噩梦惊扰。但就是这位身材弱小且双目失明的老人，在控诉日军暴行时却迸发出惊人的能量。

2021年，在南京利济巷慰安所旧址陈列馆工作人员刘广建的帮助下，彭竹英以个人名义写给联合国人权问题专家一封信，她在信中写道："我和姐姐因为日军的暴行都未能生育，我希望让更多的人认清日军这一战争罪行的伤害性，还各国被害女性一个公道。"

看到彭竹英这字字铿锵的信，程梁突然感觉到，"我所做的这一切，是有意义的。"

三

为了寻找历史的真相，程梁孤单地行走在三湘大地。

但是，他并不孤独。

程梁有一群志同道合的伙伴。

"温暖之家"是一个专门关爱"慰安妇"制度受害幸存者的公益组织，大部分成员都是年轻人。他们自发组织起来，定期去走访、慰问老人。

来自长沙的李莉是程梁的最佳拍档。

"我们志愿者有很多，但最辛苦的还是小程。"李莉说，大多数志愿者做的工作都是慰问关爱老人，"我们定期帮老人洗澡、剪头发、剪指甲，收拾家里的卫生，逢年过节送点慰问品，相对来说还比较轻松，而小程是奔走在调查走访的一线，他是最辛苦的。"

在李莉眼中，程梁是个"宝藏青年"。

有一次在走访时，因为老人无法说话，也没有学过手语，大家都在犯愁如何与她交流，没想到，程梁一出马，难题迎刃而解。

原来，程梁的母亲也是一位聋哑人，当地的手语与规范性的手语截然不同，有着一套独立的手势体系，如果不是本地人根本看不懂。而程梁从母亲身上学会了这种手语，可以和老人无障碍对话。

程梁还十分有"老人缘"。

"小程特别擅长和老人打交道，老人们都特别喜欢他。他和老人们聊天也十分随意，就像亲人之间一样，有时候累了就躺到老人床上去休息一会，完全不把自己当外人，就像在家一样。"李莉说。

程梁有一个坚实有力的后盾。

南京利济巷慰安所旧址陈列馆一直十分关注程梁的调查走访工作，根据程梁提供的线索，南京利济巷慰安所旧址陈列馆会派团队专程前往湖南进行调查取证。

个人口述只是调查寻访中的一环，实地走访、文献和旁证也是不可缺少的内容。在程梁的协助下，调查团队要走访老人口中的受害地，寻访老人当年被掳走的地点，搜集周围村民的证言，一轮调查下来才算完成受害事实的确认。

"小程很执着，甚至可以说有些固执，他认准的事就一定要做到。这些年，他提供的线索多，准确性也很高，能看得出来他前期调查很扎实，吃了很多苦。"南京利济巷慰安所旧址陈列馆工作人员刘广建长期在全国范围内从事"慰安妇"制度受害幸存者寻访工作，与程梁合作多年，他深知这项工作的艰苦与不易。

刘广建记得，有一年，馆里要把程梁评为优秀志愿者，可他拒绝了。"他跟我说，他做这事，不图名，不图利。"这句话令刘广建很感动，"如果不是打心眼里喜欢志愿工作，是不可能坚持到现在的。"

程梁有一个经验丰富的前辈。

2019年，在南京的一场民间交流活动中，程梁结识了山西志愿者张双兵。

张双兵从1982年开始走访"慰安妇"制度受害幸存者，被称为"中国'慰安妇'民间调查第一人"。程梁是"80后"，张双兵是"50后"，程梁把张双兵当作志愿工作的前辈，向他请教，张双兵也毫无保留，把他多年来积累起来的走访调查经验传授给程梁。"我有问题就会在微信上请教张老师，他总是会给我耐心解答，我受益匪浅。"

两个时代的志愿者，在这一刻实现了传承与接力。

四

从2021年开始，程梁加快了寻找的步伐，他的身影不断出现在平江、长沙、郴州等地，核实线索，走访调查。

雷金莲、雷金二、李秀青、易菊连、李淑珍，还有两位不愿意公开身份的受害者——仅这一年，经程梁找到并由南京利济巷慰安所旧址陈列馆确认的"慰安妇"制度受害幸存者就达到7位。

2022年，程梁又找到方巧梅、沈建美、欧阳爱连3位老人。

92岁的沈建美是一位聋哑人，因为"慰安妇"的经历，终身未婚，和弟弟一家住在长沙县郊的大山深处。

2022年年初，程梁在长沙县走访调查时，听当地老人说起沈建美的遭遇。

"娭毑，还记得从前的事不？"程梁小心翼翼地试探着，打着手势问沈建美。

老人毫无回应。

为了唤起沈建美的记忆，在征得家人同意后，程梁用手机从网上搜索了一张二战时期日军的人像照片，沈建美看到照片后，情绪立刻变得激动起来，手指照片，不断发出"啊啊"声，接着，她用手势回忆了当年的情景：日军就是穿着那样的黄色军服，戴大檐帽，背着枪，扯她的衣服，并拔出刺刀进行威胁。就这样，她被迫沦为"慰安妇"。

欧阳爱连住在离平江县城30千米外的一个小村庄，虽然已是96岁高龄，但她手脚依然十分利索，摘菜、浇水、喂鸡，样样拿手。

1941年年底，尚未成年的欧阳爱连被日军抓走并实施性暴行，被迫沦为"慰安妇"。经解救回家后，父亲将她早早嫁人。

老人平静的脸上除了岁月的痕迹，几乎看不到任何喜怒哀乐。但程梁知道，老人所受的苦痛，是时间无法抹平的。

"我们是和时间赛跑的人。"程梁说。

今年以来，除了方巧梅，还有两位老人相继离世。

2022年3月11日，108岁的李淑珍去世。

2022年6月30日，98岁的雷金二去世。

程梁最怕这样的离别：历经磨难的老人们，鼓足勇气，向世人展示创伤，最终却等不来一个道歉。但他更怕的是，老人独自带着痛苦与秘密离开世界。

今年年初，程梁曾接到一个线索，湘乡市月山镇有一个姓周的百岁老人，曾经被日军掳走当"慰安妇"。但因为疫情影响，程梁无法到现场走访调查。疫情有所缓解后，程梁马上前往月山镇，由于没有具体地址，程梁只能一路走一路问，终于找到周奶奶家，结果家人告诉他，老人刚去世没多久。据家人说，周奶奶两妯娌年轻时都曾被日本兵抓去迫害，但老人觉得丢人，从未对别人说起那段经历。

看着老人的遗像，程梁暗暗自责："为什么没早点来？"

现实就是如此残酷。

据统计，在1931年到1945年日本侵华战争的14年间，日军强征掳掠了20多万中国妇女作为"慰安妇"，20多万个"她们"，20多万个"伤痛"，我们只知道很少一部分。

如今，"慰安妇"制度受害幸存者已是风烛残年、日渐凋零，她们中有很多人已经或正在离去。截至目前，南京利济巷慰安所旧址陈列馆认证在世的日军"慰安妇"制度受害者人数仅剩15人。

山河远阔，人间烟火。

一边寻找，一边关爱。

程梁和"温暖之家"的志愿者制定了详细的关爱计划，定期走访了解老人的生活情况，解决她们日常生活中遇到的困难，并与她们的家属保持联系，时常关注老人的健康状况。

日军暴行曾把这些老人带入人生的至暗时刻，但生命中总会有光亮。志愿者的关爱就像是冬日暖阳，让她们远离冰冷肃杀的苦痛。

"泪洒一面墙"是南京利济巷慰安所旧址陈列馆内以"泪"为主线展陈的其中一个部分，墙上硕大的"泪滴"凝重而悲怆，"泪滴"右侧的墙面上，密密麻麻拓印着当年"慰安妇"的黑白头像照片，每个人的眼中都含着悲愤的泪水……

每次来南京，程梁都会在这面墙前停留许久。"震撼我的不仅是老人的眼泪，还有老人在经历苦痛后，以乐观积极的生活态度，将生命的韧性无限放大。活着就好，也只有活着，才能等待正义的来临。"

历史看似已逐渐远去，但其实又一直在我们身边，记录伤痛也是铭记历史，只有每个人都为它做点什么，才能让惨痛的战争记忆不再重演。这是程梁的宏大理想。但其实，在他内心深处，还有一个更为朴素的愿望：愿每一位娭毑，都能在生命最后的时光里活得更体面，活得有尊严。

（《南京日报》记者　孙磊、姚强）

"12·13"烛光祭：
星火祈和平，暖流汇五洲

2022年12月13日是第九个南京大屠杀死难者国家公祭日。18时30分，"烛光祭·国际和平集会"在侵华日军南京大屠杀遇难同胞纪念馆的祭场和遇难者名单墙（"哭墙"）前同步举行。

暮色至，室外温度临近冰点。祭场内，长明火熊熊燃烧，小号曲《南京记忆》回荡。"哭墙"前，蓝色灯光照亮嵌入冰冷墙体的遇难者名单。

南京大屠杀幸存者后代、医护人员、学生代表……各界人士手捧烛台，为南京大屠杀死难者致哀。

今年的烛光祭通过线上线下结合，让五湖四海与南京同频共振。许多国际友人和华侨华人在线参加了当晚的烛光祭。

"为了历史不再重演，我将继续开展传播南京大屠杀真相的活动，希望早日与各位在南京重逢。"日本神户·南京心连心会代表宫内阳子通过视频表达心愿。

85年前，在南京的至暗时刻，美国牧师约翰·马吉不顾个人安危留守南京，参与救助中国难民。如今，他的后人依旧悉心呵护着和平的火种。

在祭场内的大屏上，约翰·马吉之孙克里斯·马吉通过视频表达和平心愿。"1937年，留在南京的勇敢之士以人道主义精神，拯救了许多人的生命。为了纪念逝去的人、继续传递和平，我们都应该在生活中尽己所能帮助他人。"

据纪念馆统计，数以万计来自世界各地的网友在线点亮烛光，汇成和平暖流。中外人士以这种特别的方式向南京大屠杀死难者默哀，共同祈愿世界和平。

"烛光莹莹，哀思沉沉，我们齐聚在这里，以烛光祭奠南京大屠杀死难者，守护不能忘却的历史记忆，表达铭记历史、珍爱和平的共同心声。"侵华日军南京大屠杀遇难同胞纪念馆馆长周峰表示，南京大屠杀是人类记忆不可分割的一部分，南京大屠杀历史应当被全人类永远铭记。

（中新社南京12月13日电　记者　杨颜慈）

紫金草花海与烛光汇成巨大的"平"字，
传递南京和平心声，
中外人士线上线下"烛光同祭"

莹莹烛光在风中跳跃，小号手吹响了《南京记忆》，瞬间将人们拉回到那段暗无天日的岁月。祭场内，人们穿着素服，手捧蜡烛，为南京大屠杀死难者哀悼……12月13日晚6点半，"烛光祭·国际和平集会"在侵华日军南京大屠杀遇难同胞纪念馆祭场和遇难者名单墙前同步举行。南京大屠杀幸存者后代代表、南京市教师代表、医护代表、紫金草艺术团童声合唱团的孩子们、紫金草志愿者代表、宗教人士代表、基层党员、海外华人华侨代表以及纪念馆工作人员等一同参加当晚的集会活动。通过大屏，身在海外的国际友人和嘉宾也在线参与，场内场外的中外人士线上线下共赴烛光祭。

"85"造型蜡烛点亮，历史不可忘

13日晚6点半，在遇难者名单墙前，一排排遇难者的名字由暗逐渐变亮，又渐渐暗去。祭场内，20位学生手捧蜡烛，走到摆放有"85"字样的蜡烛前，环绕着蜡烛造型依次摆放好手中蜡烛。大屏上，同步直播着名单墙前的活动。

今年是南京大屠杀惨案发生85周年。"85"蜡烛造型，寓意铭记85年前那段刻骨铭心的历史，珍爱来之不易的和平。

"烛光莹莹，哀思沉沉，我们齐聚在这里，以烛光祭奠30万南京大屠杀死难者，守护不能忘却的历史记忆，表达铭记历史、珍爱和平的共同心声。"点点烛光中，中共南京市委宣传部副部长、侵华日军南京大屠杀遇难同胞纪念馆馆长周峰致辞。

周峰说："外敌的蹂躏和战争的磨难，使中国人民更加懂得和平的珍贵，更加坚定以史为鉴、开创未来的信念。无论时代如何变幻，我们都要坚持正确的历史观，牢记历史的惨痛教训，坚定站在历史正义的一边，站在人类文明进步的一边。我们要始终坚持人民至上，在每一次悼念中敬畏生命，构筑南京大屠杀历史记忆共同体；始终坚持敢于斗争，坚决反对否认和美化侵略、伤害民族情感的言行；始终坚持胸怀天下，深化文明交流互鉴，为走和平发展道路的中国式现代化贡献力量。一次庄严的纪念，就是一次记忆的唤醒。今夜，我们手捧

国家公祭

解读南京大屠杀死难者
国家公祭日资料集⑩

学生们摆放蜡烛（侵华日军南京大屠杀遇难同胞纪念馆 摄）

烛光，点燃的不仅仅是心中的温暖，更是守护历史真相、捍卫正义和平的精神火炬，照亮和平发展、共同繁荣的人间正道。"

海外嘉宾现身大屏，深情表达和平愿景

为促进中日友好，日本神户·南京心连心会代表宫内阳子此前连续20多年和成员们一道来侵华日军南京大屠杀遇难同胞纪念馆参与各类活动。今年，宫内阳子现身现场大屏幕，在线表达了自己的心愿。她对南京大屠杀死难者致以衷心的哀悼。她说，为了让历史不再重演，她将继续开展传播历史真相的活动。宫内阳子还表示："纪念馆关爱幸存者、鼓励年轻人传承历史的做法非常值得学习。希望疫情早日结束，与各位在南京重逢。"

85年前，在南京的至暗时刻，国际友人约翰·马吉不顾个人安危，留守南京，参与救护了20多万中国难民。他悄悄用16毫米摄影机拍摄下的日军暴行，成为日军南京大屠杀铁证。如今，他的后人依旧悉心呵护着和平的火种。当晚，约翰·马吉之孙克里斯·马吉出现在大屏幕上，在线表达了对南京大屠杀死难者的缅怀。克里斯·马吉说，祖父约翰·马吉当时留在南京保护平民的行为，正是所有留在南京的勇敢人士人道主义精神的体现。他呼吁，为了纪念那些逝去的生命，"即使现在，人们也可以在日常生活中尽自己所能去帮助他人，勇敢地伸出援手。"

1938年2月，在满目疮痍的南京城，来自美国的医生理查德·布莱迪在鼓楼医院积极参与救治受伤的难民。多年后，他的曾孙女梅根·布莱迪跟随父亲来到南京，寻访曾祖父曾工作生活的足迹。她受到曾祖父事迹的鼓舞，创作了歌曲《感同身受》，用歌声让这个世界感受大爱与和平。"烛光祭·国际和平集会"上，梅根·布莱迪的身影也出现在大屏。"南京已经成为和平典范，值得全世界来学习。我将竭尽所能加速南京的和平之路，并将之分享到世界其他地方。"她说，虽然身在遥远的大洋彼岸，但她的心永远和南京人民在一起。

"1997年，南京大屠杀惨案发生60周年。我的女儿张纯如发表了她的著作。今年是南京大屠杀惨案发生85周年。我们在海外参与民间组织世界抗日战争史实维护会的悼念活动，希望用我们的一份力量，教育下一代牢记南京大屠杀历史。"大屏上另一位女性的声音响起，她是美籍华裔女作家张纯如的母亲张盈盈。25年前，张纯如用年轻的生命写就了厚重的《南京浩劫——被遗忘的大屠杀》，揭露二战期间侵华日军在南京的暴行，该书在西方世界引起强烈反响。张纯如离世后，她的父母继续着女儿未竟的事业。烛光祭现场，张纯如母亲张盈盈通过大屏表示，每年12月13日，在加州湾区，他们都会举办"南京祭"活动。"这些都是要我们不忘历史、珍惜来之不易的和平，希望大家一起努力。"

南京各界代表袒露心声大屏连线，场内外共缅逝者

1937年12月13日，年仅9岁的常志强眼睁睁看着自己的父母和4个弟弟丧生在日军屠刀下，母亲临死前挣扎着给小弟弟喂最后一口奶，常志强由一个大家庭的宠儿沦为孤儿。从去年起，南京大学德语系主任陈民老师带领学校的一些"00后"学生追寻拉贝先生当年在中国的足迹，探寻战乱岁月里的人性光辉力量，从中挖掘更多发人深省的历史细节，不仅接续传播了这段民族记忆，更是给年轻一代以思想启迪和生命教育。

在"烛光祭·国际和平集会"现场，南京大屠杀幸存者后代代表、幸存者常志强的外孙李帆超，南京教师代表、南京大学德语系主任陈民，医务人员代表、江苏省人民医院医生陈步伟，以及学生代表张熙桐依次上台发言，表达了对死难者的哀悼，呼吁人们珍视和平、捍卫和平。

在场外，南京师范大学附属中学江宁分校、南京外国语学校、南京市第十二中学、中山码头丛葬地、北极阁丛葬地、金陵大学难民收容所及遇难同胞纪念碑等地，学生和市民们同步进行烛光祭，并通过大屏连线的方式，共同缅怀逝者。

紫金草艺术团童声合唱团的30位孩童手捧蜡烛，带来追思并抚慰人心的合唱。祭场的大屏上这时出现了同步歌唱的画面。这首名为《蚕豆歌》的歌曲由美国牧师麦卡伦谱写，反映

紫金草艺术团童声合唱团（侵华日军南京大屠杀遇难同胞纪念馆　摄）

当年难民们早中晚三餐只能吃蚕豆的情景。歌曲旋律舒缓忧伤，却传递出人世间的温暖，为当时的人们带来生的勇气和力量。

紫金草花海与烛光汇成"平"字，传递南京和平心声

歌声渐渐远去。两名紫金草女孩、双胞胎何若瑾和何若瑜手捧紫金草种子走到台前。她们共同向地面播撒种子，随着种子落地，地面上瞬间幻化出逐渐生长绽放的花朵，一朵朵花最终汇聚成漫山遍野的紫金草花海，象征着和平的种子在人们心中生根发芽、代代传承。

那一刻，紫金草花海与地面的烛光共同组成一个巨大的"平"字，向世界传递南京人民爱好和平的心声。

记者获悉，当天数以万计来自世界各地的网友通过网络同步在线点亮温暖烛光。中东与欧美的部分留学生团体、许多海外华人华侨社团也同步举行烛光祭，中外人士以这种方式共同向南京大屠杀死难者致哀，向所有惨遭战争侵害的人们致哀，祈愿和平，也呼吁人们珍视和平。

（《南京晨报》爱南京记者　孔芳芳、刘畅）

铭记历史　捍卫和平

正义必胜、和平必胜、人民必胜，这是历史所启示的伟大真理。

1937年12月13日，侵华日军野蛮侵入南京，制造了惨绝人寰的南京大屠杀惨案，30万同胞惨遭杀戮。这是骇人听闻的反人类罪行，是人类历史上十分黑暗的一页。昭昭前事，惕惕后人。今天，在第九个南京大屠杀死难者国家公祭日，中国再次以隆重的公祭仪式悼念死难同胞，宣示中国人民铭记历史、捍卫和平的决心。

南京大屠杀早已成为国家记忆、民族记忆、世界记忆。南京大屠杀见证人罗伯特·威尔逊医生之女玛乔丽·威尔逊·加雷特呼吁向年轻一代讲述南京大屠杀历史；当年留守南京鼓楼医院的外科医生理查德·布莱迪的曾孙女梅根·布莱迪创作歌曲《感同身受》，希望以此昭示生命的顽强和胜利来之不易……国际人士的正义之声，既是对侵华日军暴行的控诉，也是在呼唤人们珍视和平、捍卫和平。

历史不会因时代变迁而改变，事实也不会因巧舌抵赖而消失。日前，侵华日军南京大屠杀遇难同胞纪念馆举行2022年新征文物史料新闻发布会，包括侵华日军《阵中日志》、荣第1644部队照片等在内的共计453件（套）重要文物史料入藏纪念馆，成为揭露日本侵略者当年暴行的最新铁证；在太平洋的彼岸，一位美国友人将一本记录二战期间日军侵华罪行的相册无偿捐赠给中国驻芝加哥总领事馆……今天，虽然登记在册在世的南京大屠杀幸存者仅剩54位，但南京大屠杀的历史真相永远不会被忘记。

然而，在历史问题上，日本右翼政客始终固守错误认知，他们参拜供奉有二战甲级战犯的靖国神社，刻意淡化甚至妄图否认南京大屠杀罪行，否认强征"慰安妇"，并公然质疑《开罗宣言》《波茨坦公告》和东京审判……这些行径严重伤害了亚洲受害国人民的尊严和感情，是对世界反法西斯战争胜利果实的公然挑战。近年来，日本政治右倾化及军事安全领域挑衅、蠢动、冒进倾向明显抬头，让日本国内和世界上爱好和平的人们愈发警惕。日本防卫预算已经连续10年增长，日方还动辄渲染地区紧张局势以谋求自身军力突破，这一危险动向让亚洲邻国和国际社会对日本能否保持"专守防卫"产生强烈质疑。日方必须明白，只有切实正视和深刻反省侵略历史，同军国主义彻底划清界限，才能真正取信于亚洲邻国和国际社会，才能切实以负责任的态度面向未来。

今年是中日邦交正常化50周年。50年前，两国老一辈领导人以卓越的战略眼光和政治胆识，做出实现中日邦交正常化的政治决断，揭开了两国关系的崭新篇章。50年来，双方先后达成四个政治文件和一系列重要共识，各领域交流合作成果丰硕，给两国人民带来重要福祉，也促进了地区和平、发展、繁荣。中日双方应该以诚相待、以信相交，恪守中日四个政治文件原则，总结吸取历史经验，客观理性看待彼此发展，将"互为合作伙伴、互不构成威胁"的政治共识体现到政策中去。对于历史问题、台湾问题等涉及中日关系根本的重大原则问题，不能有丝毫含糊，更不容动摇倒退。

国行公祭，为佑世界和平。当和平的钟声再次在南京上空回响，铭记历史、捍卫和平的信念也会一遍遍在人们心中传递。正义必胜、和平必胜、人民必胜，这是历史所启示的伟大真理。今天，实现中华民族伟大复兴已进入不可逆转的历史进程，中国已经成为一个具有保卫人民和平生活坚强能力的伟大国家。中国始终坚定站在历史正确的一边、站在人类文明进步的一边，坚定走和平发展道路，与全世界爱好和平的国家和人民一道，不断为各国人民永享和平与安宁做出贡献。

（《人民日报》）

守护不灭的记忆　凝聚前行的力量

山河肃穆，草木含悲，以国之名，祭我同胞。今年是南京大屠杀惨案发生85周年，今天是第九个南京大屠杀死难者国家公祭日。在这个举国悲痛的时刻，我们深切悼念所有惨遭日本侵略者杀戮的死难同胞，缅怀所有为中国人民抗日战争胜利献出生命的英烈。这一天，凄厉的警报声将再次长鸣，整座城市静止1分钟，为逝去的同胞致以最深切的哀思。

这是令无数中国人倍感耻辱和疼痛的日子，这是永远不能忘却的历史。我们不能忘记，85年前侵华日军攻占南京，灭绝人性的大屠杀让30万生灵惨遭杀戮，人类文明史上留下最黑暗的一页。我们不能忘记，在那段腥风血雨的日子里，中华儿女视死如归、前仆后继，同胞团结一心、守望相助，众多国际友人冒着生命危险，以各种方式保护南京民众，记录下日本侵略者的残暴罪行。我们更不能忘记，落后就要挨打，贫穷就要挨饿，失语就要挨骂，这是历史的警示，更是未来的昭示。这段悲怆的历史，南京不会忘记，中国人民不会忘记，中华民族不会忘记！

历史不容忘记，记忆需要传承。截至目前，南京侵华日军受害者援助协会登记在册在世的幸存者仅剩54人，平均年龄已超过92岁。幸存者们日渐凋零，但和平之声愈发响亮。为纪念已故华裔作家张纯如，"一个人的力量"阅览室在美国旧金山海外抗日战争纪念馆成立，记忆的力量在各国年轻人中传递，海内外汇聚起捍卫和平的合力；越来越多的幸存者后代走向前台，首批13名南京大屠杀历史记忆传承人正式接过传承历史记忆、传播历史真相的接力棒，年龄最小的传承人只有12岁；《难民回忆录》手稿首度公开，南京大屠杀再添史料新证，为还原历史提供了许多可贵的细节……南京大屠杀是国家记忆，也是人类共同的记忆。铭记这段历史，守护不灭的记忆，是我们每一个人的责任和义务。

"历史是过去传到将来的回声，是将来反映过去的倒影"，当我们凝望历史，历史也在凝望我们。中华门城墙上留下的弹孔依然清晰可见，侵华日军南京大屠杀遇难同胞纪念馆的钟声每天都会准时敲响。我们铭记历史，不是为了延续仇恨，而是为了记取历史的警示，感悟和平的珍贵，凝聚前行的力量。和平来之不易，所有的"重蹈覆辙"都是从忘记开始。传承记忆、维护和平，必须时刻警惕和防范任何对侵略行为的辩护和美化，坚决抵制和痛击任何亵渎历史、挑战民族底线的行为，以实际行动守护历史记忆、捍卫民族尊严、维护和平正义。

历史如镜，穿透过去，照亮现在，昭示未来。党的二十大发出全面建设社会主义现代化国家、向第二个百年奋斗目标进军的号召，中华民族伟大复兴翻开了崭新的一页。这是对南京大屠杀死难者和所有抗战期间牺牲烈士以及死难同胞的最好告慰，也是我们以史为鉴、开创未来的最大底气。踏上充满光荣和梦想的新征程，在铭记历史中凝聚前行的力量，向着中华民族伟大复兴的目标阔步前进，我们有决心、有信心、有能力让和平的薪火代代相传，同世界人民携手开创更加美好的未来。

(《新华日报》)

第五部分
警示醒世——守护世界记忆

奋斗是对历史最好的铭记

2022年12月13日，南京迎来第九个国家公祭日。

江河鸣咽，天地含悲；民族之殇，莫敢忘却。一年一度的国家公祭，是沉痛缅怀的仪式，更是振聋发聩的警钟。

南京永远不会忘记，85年前的寒冬，侵华日军野蛮入侵南京，30万同胞惨遭杀戮。惨绝人寰的南京大屠杀惨案，是骇人听闻的反人类罪行，是人类历史上最黑暗的一页，是南京永远不能忘却的沉痛记忆。

南京永远不会忘记，在那腥风血雨的日子里，我们的同胞守望相助、相互扶持，众多国际友人冒着风险，以各种方式保护南京民众，记录下日本侵略者的残暴行径。他们的人道精神和无畏义举，是南京珍藏在心底的感念。

南京永远不会忘记，这座城市见证了中华民族从沉沦中奋起的苦难与辉煌，南京大屠杀惨案铁证如山、不容篡改。在这片土地上，任何为日本战犯"拜鬼招魂"的行为都绝不能容忍，手上沾满中国人民鲜血的日本战犯永远只配被钉在历史的耻辱柱上。

历史虽已远去，国耻不能忘怀。岁岁年年，此时此刻，防空警报萦绕回荡，和平大钟訇然鸣响；公祭仪式上，人们默哀、献花、缅怀、宣誓；青少年代表高声朗诵《和平宣言》，"前事不忘，后事之师，殷忧启圣，多难兴邦……"

悲伤不是悼念的全部意义，传承才是缅怀的最终目的。我们举行国家公祭，不仅是对死难同胞的深切缅怀，也是对永久和平的共同期待。国家公祭日不仅是民族的纪念，更是向世界的呼吁：独立、生存、发展，每一项权利的实现都离不开和平稳定的环境。

和平发展是时代潮流、人心所向。我们要永远铭记历史所启示的伟大真理：正义必胜、和平必胜、人民必胜！历史也一再告诉我们，和平来之不易，只能靠斗争去争取、靠实力去捍卫。漫漫征途、唯有奋斗，往昔的疮痍，需要用奋斗的实际行动来弥合，创造更加灿烂的明天。

党的十八大以来，南京沿着习近平总书记为江苏工作指引的方向，将谆谆嘱托牢记于心，以奋斗脚步贯穿今昔，把"强富美高"宏伟蓝图化作生动实践，书写出高质量发展的崭新篇章。

习近平总书记深刻指出："党用伟大奋斗创造了百年伟业，也一定能用新的伟大奋斗创造新的伟业。"伟大而艰巨的事业，总是在接续奋斗中前进。我们既要坚定历史自信、增强历史主动，也要准备付出更为艰巨、更为艰苦的努力，战胜前进道路上的风高浪急甚至是惊涛骇浪。

"惟其艰巨，所以伟大；惟其艰巨，更显荣光。"

新的征程上，我们要更加深刻领悟"两个确立"的决定性意义，增强"四个意识"、坚定"四个自信"、做到"两个维护"，更加紧密地团结在以习近平同志为核心的党中央周围，全面贯彻党的二十大精神，为全面建设社会主义现代化国家、全面推进中华民族伟大复兴，凝聚起团结奋斗的磅礴力量。新的征程上，我们要勿忘昨天的苦难辉煌，牢记今天的责任担当，扛起新使命、谱写新篇章，奋力推进中国式现代化南京新实践。

历史长河浩荡奔流，民族复兴前景光明。我们唯有以更加顽强的奋斗，守护山河无恙、岁月安康。这是对死难同胞的最好告慰，也是对历史记忆的坚定捍卫！

（《南京日报》记者　涵轩）

China holds national commemoration for Nanjing Massacre victims

China holds its ninth national memorial ceremony for the Nanjing Massacre victims at the Memorial Hall of the Victims in Nanjing Massacre by Japanese Invaders in Nanjing, capital of east China's Jiangsu Province, Dec. 13, 2022.(Xinhua/Li Bo)

NANJING, Dec. 13 (Xinhua) -- The people of Nanjing observed a minute of silence, and sirens were heard across the city, as China proceeded with its ninth national memorial ceremony Tuesday to mourn the 300,000 victims of the Nanjing Massacre.

Despite the winter chill, thousands of people attended the ceremony in Nanjing, east China's Jiangsu Province, with white flowers pinned to their chests conveying condolences. In front of the crowd, China's national flag flew at half-mast.

At 10:01 a.m., sirens began to blare and the city came to a halt. Drivers in the downtown area stopped their cars and sounded their horns, while pedestrians paused for a minute of silence in remembrance of the victims.

Teenagers read out a declaration calling for peace and citizen representatives struck the Bell of Peace. White doves, symbolizing hope for peace, were released to fly over the square of the Memorial Hall of the Victims in Nanjing Massacre by Japanese Invaders.

The Nanjing Massacre took place when Japanese troops captured the city on Dec. 13, 1937. Over six weeks, they killed more than 300,000 Chinese civilians and unarmed soldiers in one of the most barbaric episodes of World War II.

In 2014, China's top legislature designated Dec. 13 as the national memorial day for the victims of the Nanjing Massacre.

Seven survivors of the massacre passed away this year, reducing the total number of registered survivors to 54. The remaining survivors have an average age of more than 92.

China holds its ninth national memorial ceremony for the Nanjing Massacre victims at the Memorial Hall of the Victims in Nanjing Massacre by Japanese Invaders in Nanjing, capital of east China's Jiangsu Province, Dec. 13, 2022. (Xinhua/Li Bo)

The Chinese government has preserved the survivors' testimonies, recorded in written documents and video footage. These records of the massacre were listed by UNESCO in the Memory of the World Register in 2015.

An exhibition featuring an overseas collection of historical artifacts concerning the massacre, including a camera that captured the atrocities and audio files of Japanese invading soldiers, opened on Tuesday at the memorial hall.

With 453 historical items such as photos and soldiers' logs newly added this year, the museum has so far accumulated more than 192,000 items evidencing this extremely brutal event.

Thirteen descendants of Nanjing Massacre survivors, who were recognized as China's first batch of inheritors of memory of the Nanjing Massacre, attended the memorial ceremony on Tuesday.

They are from the families of ten survivors of the massacre.

"As the survivors get older, their descendants will bear the main responsibility of passing on the historical memories," said Wang Weixing, vice president of the Aid Association of Victims in Nanjing during the War of Aggression against China by Japanese Invaders.

Among the first group of the memory inheritors, Xia Yuan and her son Li Yuhan are both from the family of survivor Xia Shuqin.

"I grew up with listening to the war experience of my grandmother. Now she can neither hear nor see clearly. It was her wish that we testify for her and let people know about the crimes committed by the Japanese invaders," said Xia Yuan.

In April this year, Wang Heng, one of the massacre survivors, died at the age of 100. His granddaughter Wang Lian said she helped the centenarian open his online account last year to tell about what he witnessed in the massacre. "I wrote at his dictation. As I told him that the logging had attracted nearly 3,000 followers in less than five days, he looked relieved."

（新华网英文频道）

国 家 公 祭
解读南京大屠杀死难者
国家公祭日资料集⑩

China holds national commemoration for Nanjing Massacre victims

NANJING -- The people of Nanjing observed a minute of silence, and sirens were heard across the city, as China proceeded with its ninth national memorial ceremony Tuesday to mourn the 300,000 victims of the Nanjing Massacre.

Despite the winter chill, thousands of people attended the ceremony in Nanjing, East China's Jiangsu province, with white flowers pinned to their chests conveying condolences. In front of the crowd, China's national flag flew at half-mast.

At 10:01 am, sirens began to blare and the city came to a halt. Drivers in the downtown area stopped their cars and sounded their horns, while pedestrians paused for a minute of silence in

第五部分
警示醒世——守护世界记忆

remembrance of the victims.

  Teenagers read out a declaration calling for peace and citizen representatives struck the Bell of Peace. White doves, symbolizing hope for peace, were released to fly over the square of the Memorial Hall of the Victims in Nanjing Massacre by Japanese Invaders.

  The Nanjing Massacre took place when Japanese troops captured the city on Dec 13, 1937. Over six weeks, they killed more than 300,000 Chinese civilians and unarmed soldiers in one of the most barbaric episodes of World War II.

  In 2014, China's top legislature designated Dec 13 as the national memorial day for the victims of the Nanjing Massacre.

  Seven survivors of the massacre passed away this year, reducing the total number of registered survivors to 54. The remaining survivors have an average age of more than 92.

（JiangsuNow 英文频道）

HKSAR holds commemoration for Nanjing Massacre victims

Chief Executive of the Hong Kong Special Administrative Region (HKSAR) John Lee lays a wreath at a memorial ceremony to mourn the victims of the Nanjing Massacre in Hong Kong, south China, Dec. 13, 2022. (Information Services Department of the Government of the HKSAR/Handout via Xinhua)

HONG KONG, Dec. 13 (Xinhua) -- Government of China's Hong Kong Special Administrative Region (HKSAR) held a memorial ceremony Tuesday to mourn the victims of the Nanjing Massacre.

Vice Chairman of the National Committee of the Chinese People's Political Consultative Conference Leung Chun-ying, Chief Executive of the HKSAR John Lee, and principal officials of the HKSAR government attended the ceremony and observed a minute of silence.

Lee laid a wreath in memory of the victims at the ceremony held at the HKSAR government headquarters.

"Today, we pay our highest tribute to the victims," he said. "I wish to take this opportunity to show the Chinese people's firm stance of resolutely safeguarding national sovereignty, territorial integrity, and world peace."

In 2014, China's top legislature designated Dec. 13 as the national memorial day for the victims of the Nanjing Massacre.

The Nanjing Massacre took place after the Japanese troops captured the city on Dec. 13, 1937. Over six weeks, they killed more than 300,000 Chinese civilians and unarmed soldiers in one of the most barbaric episodes of World War II.

（人民网英文频道）

Macao SAR holds commemoration for Nanjing Massacre victims

People attend a ceremony to mourn the 300,000 victims of the Nanjing Massacre, in south China's Macao, Dec. 13, 2022. (Xinhua/Cheong Kam Ka)

MACAO, Dec. 13 (Xinhua) -- China's Macao Special Administrative Region (SAR) held a ceremony on Tuesday to mourn the 300,000 victims of the Nanjing Massacre.

Vice Chairman of the National Committee of Chinese People's Political Consultative Conference Ho Hau Wah, Macao SAR Chief Executive Ho Iat Seng, and Head of the Liaison Office of the Central People's Government in the Macao SAR Zheng Xincong attended the ceremony together with around 300 government officials and people from different walks of life in Macao.

They sang the national anthem, observed a moment of silence and laid wreaths to mourn the Nanjing Massacre victims.

Students attending the ceremony said they will always remember this part of the history, carry on the tradition of being patriotic, and contribute to the country's overall development.

In 2014, China's top legislature designated Dec. 13 as the national memorial day for the victims of the Nanjing Massacre.

The Nanjing Massacre took place after the Japanese troops captured the city on Dec. 13, 1937. Over six weeks, they killed more than 300,000 Chinese civilians and unarmed soldiers in one of the most barbaric episodes of World War II.

（人民网英文频道）

Inheritors to pass on Nanjing Massacre memory

People visit the Memorial Hall of the Victims of the Nanjing Massacre by Japanese Invaders in Nanjing, capital of east China's Jiangsu Province, Sept. 18, 2020. (Photo by Su Yang/Xinhua)

NANJING, Dec. 12 (Xinhua) -- The first group of inheritors of memory of the Nanjing Massacre are expected to attend the ceremony of China's ninth state commemoration for Nanjing Massacre victims on Tuesday.

The 13 memory inheritors are members of the families of ten survivors of the massacre.

Earlier this month, Xiang Yuansong, who survived the Nanjing Massacre, passed away in Nanjing, capital of east China's Jiangsu Province, at the age of 94, reducing the total number of registered survivors to 54, according to the Memorial Hall of the Victims of the Nanjing Massacre by Japanese Invaders.

The Chinese government has preserved the survivors' testimonies, recorded in written documents and video footage. These records of the massacre were listed by UNESCO in the Memory of the World Register in 2015.

Among the first group of selected memory inheritors, Xia Yuan and her son Li Yuhan are both from the family of survivor Xia Shuqin.

"I grew up with listening to the war experience of my grandmother. Now she can neither hear nor see clearly. It was her wish that we testify for her and let people know about the crimes committed by the Japanese invaders," said Xia Yuan.

Xia's son Li Yuhan, 12, though the youngest among the inheritors, has accumulated years of experience as a young guide in the memorial hall.

"I took him to attend the family mourning when he was in kindergarten. He learned that his great-grandmother had lost her parents when she was younger than him. After going to elementary school, he took the initiative to go to the memorial hall to be a guide," Xia Yuan said, adding that her son fully understands the responsibility of the memory inheritance.

In April this year, Wang Heng, one of the massacre survivors, died at the age of 100. His granddaughter Wang Lian said she helped the centenarian open his online account last year to tell about what he witnessed in the massacre. "I wrote at his dictation. I told him that the logging attracted nearly 3,000 followers in less than five days, and he was very happy."

In 2014, China's top legislature designated Dec. 13 as the national memorial day for the victims of the Nanjing Massacre.

The Nanjing Massacre took place when Japanese troops captured the city on Dec. 13, 1937. Over six weeks, they killed approximately 300,000 Chinese civilians and unarmed soldiers in one of the most barbaric episodes of World War II.

（新华网英文频道）